V&R

PSYCHODYNAMIK **Kompakt**

Herausgegeben von
Franz Resch und Inge Seiffge-Krenke

Günter Gödde

Mit dem Unbewussten arbeiten

Vandenhoeck & Ruprecht

Bibliografische Information der Deutschen Nationalbibliothek

Die Deutsche Nationalbibliothek verzeichnet diese Publikation in der
Deutschen Nationalbibliografie; detaillierte bibliografische Daten sind
im Internet über http://dnb.d-nb.de abrufbar.

ISBN 978-3-525-45196-0

Weitere Ausgaben und Online-Angebote sind erhältlich unter:
www.vandenhoeck-ruprecht-verlage.com

Umschlagabbildung: Paul Klee, Vollmond im Moor, 1938/akg-images

© 2018, Vandenhoeck & Ruprecht GmbH & Co. KG,
Theaterstraße 13, D-37073 Göttingen
www.vandenhoeck-ruprecht-verlage.com
Alle Rechte vorbehalten. Das Werk und seine Teile sind urheberrechtlich
geschützt. Jede Verwertung in anderen als den gesetzlich zugelassenen Fällen
bedarf der vorherigen schriftlichen Einwilligung des Verlages.
Printed in Germany.

Satz: SchwabScantechnik, Göttingen
Druck und Bindung: ⊕ Hubert & Co. GmbH & Co. KG BuchPartner,
Robert-Bosch-Breite 6, D-37079 Göttingen

Gedruckt auf alterungsbeständigem Papier.

Inhalt

Vorwort zur Reihe 7

Vorwort zum Band 9

1 Überblick 11

2 Das Unbewusste als Grundpfeiler der Psychoanalyse 17
   2.1 Freuds Psychologie des »dynamisch« Unbewussten 18
   2.2 Das topische Modell von Bewusstem, Vorbewusstem
       und Unbewusstem 19
   2.3 Das Strukturmodell von Es, Ich und Über-Ich 20
   2.4 Freuds hermeneutische Psychologie »des anderen Sinns« 21

3 Das Unbewusste in der heutigen Pluralität
psychodynamischer Therapiekonzepte 23
   3.1 Das Unbewusste in der Polarität von Einsichts- und
       Erlebnistherapie 24
   3.2 Neue Akzentuierungen des Unbewussten in der
       Objektbeziehungs- und Selbstpsychologie 25
   3.3 Die Weichenstellung zu einer Konzeption des
       »intersubjektiv« Unbewussten 27
   3.4 Die Erweiterung zum »implizit« Unbewussten 29

4 Die vertikale, horizontale und resonante Dimension
des Unbewussten 32
   4.1 Polaritäten in der Metapherngeschichte des Unbewussten 33
   4.2 Die Fragwürdigkeit der räumlichen Metaphern von
       Oben und Unten, Tiefe und Innenwelt 35

4.3 Der Gegensatz zwischen der horizontalen und
vertikalen Dimension des Unbewussten 37
4.4 Balance, Rhythmus und Resonanz als Leitmetaphern
des »resonant« Unbewussten 38

5 Erleben und Erkennen der unbewussten Dynamik
in der therapeutischen Beziehung 40
5.1 Zusammenspiel von freien Einfällen und
gleichschwebender Aufmerksamkeit 40
5.2 Übertragung und Gegenübertragung als
Erkenntnisinstrumente 43
5.3 Szenisches Verstehen 45
5.4 Intersubjektive Gestaltung der therapeutischen Beziehung 48

6 Verstehen und Interpretieren unbewusster Prozesse 51
6.1 Offenlegung krank machender Geheimnisse 51
6.2 Aufdeckende Bearbeitung unbewusster Konflikte 54
6.3 Orientierung am unbewussten Modus der
Konfliktverarbeitung 57
6.4 Strukturelle Dimensionen im Behandlungsfokus 60

7 Arbeiten mit dem »kreativ« Unbewussten 64
7.1 Der Stellenwert unbewusster Intuitionen 65
7.2 Kreative Wege zu neuen Beziehungserfahrungen 66
7.3 Kreative Weichenstellungen in Träumen 69
7.4 Therapeutisches Arbeiten mit Lieblingsmärchen 71

8 Rückblick und Ausblick 76

Literatur 80

Vorwort zur Reihe

Zielsetzung von PSYCHODYNAMIK KOMPAKT ist es, alle psychotherapeutisch Interessierten, die in verschiedenen Settings mit unterschiedlichen Klientengruppen arbeiten, zu aktuellen und wichtigen Fragestellungen anzusprechen. Die Reihe soll Diskussionsgrundlagen liefern, den Forschungsstand aufarbeiten, Therapieerfahrungen vermitteln und neue Konzepte vorstellen: theoretisch fundiert, kurz, bündig und praxistauglich.

Die Psychoanalyse hat nicht nur historisch beeindruckende Modellvorstellungen für das Verständnis und die psychotherapeutische Behandlung von Patienten hervorgebracht. In den letzten Jahren sind neue Entwicklungen hinzugekommen, die klassische Konzepte erweitern, ergänzen und für den therapeutischen Alltag fruchtbar machen. Psychodynamisch denken und handeln ist mehr und mehr in verschiedensten Berufsfeldern gefordert, nicht nur in den klassischen psychotherapeutischen Angeboten. Mit einer schlanken Handreichung von 70 bis 80 Seiten je Band kann sich der Leser schnell und kompetent zu den unterschiedlichen Themen auf den Stand bringen.

Themenschwerpunkte sind unter anderem:
- *Kernbegriffe und Konzepte* wie zum Beispiel therapeutische Haltung und therapeutische Beziehung, Widerstand und Abwehr, Interventionsformen, Arbeitsbündnis, Übertragung und Gegenübertragung, Trauma, Mitgefühl und Achtsamkeit, Autonomie und Selbstbestimmung, Bindung.
- *Neuere und integrative Konzepte und Behandlungsansätze* wie zum Beispiel Übertragungsfokussierte Psychotherapie, Schema-

therapie, Mentalisierungsbasierte Therapie, Traumatherapie, internetbasierte Therapie, Psychotherapie und Pharmakotherapie, Verhaltenstherapie und psychodynamische Ansätze.
- *Störungsbezogene Behandlungsansätze* wie zum Beispiel Dissoziation und Traumatisierung, Persönlichkeitsstörungen, Essstörungen, Borderline-Störungen bei Männern, autistische Störungen, ADHS bei Frauen.
- *Lösungen für Problemsituationen in Behandlungen* wie zum Beispiel bei Beginn und Ende der Therapie, suizidalen Gefährdungen, Schweigen, Verweigern, Agieren, Therapieabbrüchen; Kunst als therapeutisches Medium, Symbolisierung und Kreativität, Umgang mit Grenzen.
- *Arbeitsfelder jenseits klassischer Settings* wie zum Beispiel Supervision, psychodynamische Beratung, Soziale Arbeit, Arbeit mit Geflüchteten und Migranten, Psychotherapie im Alter, die Arbeit mit Angehörigen, Eltern, Familien, Gruppen, Eltern-Säuglings-Kleinkind-Psychotherapie.
- *Berufsbild, Effektivität, Evaluation* wie zum Beispiel zentrale Wirkprinzipien psychodynamischer Therapie, psychotherapeutische Identität, Psychotherapieforschung.

Alle Themen werden von ausgewiesenen Expertinnen und Experten bearbeitet. Die Bände enthalten Fallbeispiele und konkrete Umsetzungen für psychodynamisches Arbeiten. Ziel ist es, auch jenseits des therapeutischen Schulendenkens psychodynamische Konzepte verstehbar zu machen, deren Wirkprinzipien und Praxisfelder aufzuzeigen und damit für alle Therapeutinnen und Therapeuten eine gemeinsame Verständnisgrundlage zu schaffen, die den Dialog befördern kann.

Franz Resch und Inge Seiffge-Krenke

Vorwort zum Band

Das Unbewusste stellt nach wie vor einen der Grundpfeiler der Psychoanalyse dar. Das therapeutische Arbeiten mit dem Unbewussten bildet ein zentrales Element der psychodynamischen Praxis. Ein Blick in die Begriffsgeschichte zeigt die Dialektik auf: Der besonderen Betonung des Bewusstseins in der Aufklärung wurde seit der Romantik das Unbewusste als dunkle Trieb- und Willenskraft entgegengesetzt. Für Freud war die Psychologie des Unbewussten als explizites Gegenmodell zur klassischen Bewusstseinspsychologie angelegt. Das Verhalten wird nicht durch Logik und Vernunft bestimmt, sondern durch die seelischen Tiefenschichten gesteuert.

Der Autor führt den Leser, die Leserin durch eine kurze Geschichte der Begriffe ins Zentrum des psychoanalytischen Denkens. Das dynamisch Unbewusste wird im topischen Modell als Gegensatz zum Bewussten und Vorbewussten gefasst und im Strukturmodell mit den Begriffen Es, Ich und Über-Ich in Beziehung gesetzt. Danach wird das Unbewusste in der heutigen Pluralität psychodynamischer Therapiekonzepte dargestellt: Von den Objektbeziehungstheorien über die Selbstpsychologie zu den intersubjektiven Konzeptionen des Unbewussten spannt sich der Bogen. Aus der Gedächtnisforschung resultiert die Modellbildung des implizit Unbewussten. Auch die Fragwürdigkeit räumlicher Metaphern des »Vertikalen und Horizontalen« wird diskutiert und um Dimensionen der »Resonanz« ergänzt.

Ein wichtiges Kapitel handelt von dem Erleben und Erkennen unbewusster Prozesse in der therapeutischen Beziehung. Neben der Übertragung und Gegenübertragung wirkt das szenische Verstehen als Erkenntnisinstrument. Das Verstehen und Interpretieren unbewusster

Prozesse wird durch erhellende Fallvignetten bereichert. Auch in kreativen Therapieprozessen wird das Unbewusste angesprochen und kann zu neuen Beziehungserfahrungen führen. Träume und Märchen bereichern die intersubjektive therapeutische Arbeit.

Das Konzept eines intersubjektiv Unbewussten führt uns vor Augen, wie »das Beziehungsgeschehen von unbewussten Mechanismen strukturiert wird, die vor allem mit Resonanzphänomenen zu tun haben«. Flüchtige, noch nicht verbal erfassbare Erfahrungen werden im Beziehungsrahmen mit Bedeutungen versehen. Der Begriff des »resonant Unbewussten« bildet so die Therapeut-Patient-Beziehung ab.

Dieses lesenswerte, historisch fundierte und praktisch relevante Buch bringt Klarheit in die begriffliche Verwirrung um eines der wichtigsten Grundthemen der Psychoanalyse: das Unbewusste.

Inge Seiffge-Krenke und Franz Resch

1 Überblick

Der Begriff des *Bewusstseins* in der Bedeutung klaren und deutlichen Erkennens wurde erstmals 1720 gebraucht und hatte für die Ära der Aufklärer identitätsstiftende Bedeutung. Der Gegenbegriff des *Unbewussten* fand erst 1800 Verwendung und erlangte seit der Romantik zunehmende Beachtung. Die bis heute anhaltende Kontroverse um die Frage, ob Psychisches und Bewusstes identisch seien oder ob es ein psychisch Unbewusstes gebe, begann in der Philosophie des 17. und 18. Jahrhunderts bei Descartes und Leibniz. Von Descartes stammt der Satz: »Anima semper cogitans.« Wenn die Seele immer im Zustand des Denkens ist, bedeutet dies eine Identifizierung des Psychischen mit dem Bewussten. Mit seinem betonten Eintreten für den Leib-Seele-Dualismus hat Descartes die Weichen für den Siegeszug der Bewusstseinsphilosophie und -psychologie (Kant, Wundt, Brentano, Husserl u. a.) gestellt.

Die Gleichsetzung des Psychischen mit dem Bewussten blieb aber schon in der Aufklärung nicht unwidersprochen. Nach Auffassung von Leibniz und seinen Nachfolgern gibt es im Seelenleben auch »dunkle« und unklare Vorstellungen, die »pétites perceptions«, die uns deshalb nicht bewusst werden, weil sie »entweder zu schwach und zu zahlreich oder zu gleichförmig sind […]. Aber mit anderen verbunden, verfehlen sie ihre Wirkung nicht und lassen sich in der Anhäufung wenigstens verworren empfinden« (Leibniz, 1704/1993, S. 24). Leibniz hat eine erste philosophische Traditionslinie des Unbewussten angebahnt, die man als die des *kognitiv Unbewussten* bezeichnen kann. Sie wurde von Herbart, Helmholtz, Fechner, Wundt und vielen anderen weitergeführt und reicht bis zur heutigen

Kognitionspsychologie (vgl. Pongratz, 1984, S. 188 ff.; Gödde, 2009, S. 29 ff.). Drei Essentials dieser Denktradition kann man festhalten:
- Entscheidend ist die Basisannahme, dass mehr oder weniger unbewusste psychische Prozesse existieren und eine hochgradige Wirksamkeit entfalten können.
- Dem Bereich des kognitiv Unbewussten lassen sich Empfindungen, Wahrnehmungen, Vorstellungen, Gedächtnis, Denken, Lernen zuordnen, die nicht registriert, bemerkt, gewusst und infolgedessen auch nicht verbal mitgeteilt werden können.
- Leibniz nahm noch kein vom Bewusstsein gesondertes Unbewusstes an, sondern vertrat ein Gesetz der Kontinuität, wonach es Abstufungen der Klarheit und Intensität des Bewusstseins gebe.

In einer Gegenbewegung zur Aufklärung formierte sich gegen Ende des 18. Jahrhunderts die *Romantik*. Sie gehört zu den seit zweihundert Jahren nicht abreißenden Suchbewegungen, die der entzauberten Welt der Säkularisierung etwas entgegensetzen wollen. Mit ihren Leitvorstellungen von Gefühl, Erleben, Phantasie und Sehnsucht wandte sie sich gegen die einseitige Betonung des Bewusstseins als des rational Zugänglichen.

Im Hinblick auf Aufklärung und Romantik kann man von einer Dialektik sprechen. Die Aufklärung visierte eine Erweiterung des Bewusstseins an, die Romantik hingegen eine Entfaltung des Unbewussten. In der Aufklärung ging es um eine Verwissenschaftlichung aller Lebensbereiche, in der Romantik hingegen um eine Verzauberung des Menschlichen, die hinter dem Gewöhnlichen das Ungewöhnliche, hinter dem Nahen das Ferne oder eben hinter dem Bewussten das Unbewusste aufspüren und gestalten wollte. Von Novalis stammt der häufig zitierte Satz: »Indem ich dem Gemeinen einen hohen Sinn, dem Gewöhnlichen ein geheimnisvolles Ansehen, dem Bekannten die Würde des Unbekannten, dem Endlichen einen unendlichen Schein gebe, *romantisiere* ich es« (Novalis, 1799/1978, S. 334). Dementsprechend hat sich in der romantischen Philosophie und Medizin eine zweite Traditionslinie des Unbewussten heraus-

gebildet, die man als *romantisch-vital* bezeichnen kann. Wiederum lassen sich drei Essentials namhaft machen:
- Die Romantik setzte sich für eine Aufhebung des Descartes'schen Leib-Seele-Dualismus ein und wandte sich dementsprechend gegen die Gleichsetzung des Psychischen mit dem Bewussten.
- Im Werk des Spätromantikers Carl Gustav Carus kann man eine Wesensgegensätzlichkeit von Bewusstem und Unbewusstem erkennen, die einen Gegenpart zu Leibniz' Lehre von der Kontinuität des Bewusstseins bildet.
- Das Unbewusste wird hier als abgegrenzter, mit dem Leiblichen aufs Engste verbundener Bereich betrachtet.

Eine dritte philosophische Traditionslinie des Unbewussten repräsentieren in erster Linie Schopenhauer und Nietzsche, die im 19. Jahrhundert eine anthropologische Wende vom Geistigen und Vernunftorientierten zum Leiblichen und Triebhaften vollzogen haben. Ihre gemeinsame Problemstellung war die Dialektik des Macht-Ohnmacht-Verhältnisses zwischen dem Ich (im Sinne von Vernunft, Intellekt, Bewusstsein) und dem Unbewussten (im Sinne von Triebnatur, Wille, Es). Mit dem von ihnen postulierten Vorrang des »Willens zum Leben« bzw. »Willens zur Macht« vor dem »Intellekt« verhalfen sie der gefährlichen Triebnatur des Menschen zum Durchbruch. Daher kann man im Hinblick auf Schopenhauer und Nietzsche von einer Philosophie des *triebhaft-irrational Unbewussten* sprechen. Im Vergleich zu den ersten beiden Philosophien des Unbewussten kann man auch hier drei Essentials formulieren:
- Die Willensmetaphysik steht zwar der Aufklärung nahe, aber eher im Sinne einer »*zweiten Aufklärung*«, in der nicht nur Vorurteile, Ideologien, Aberglauben und Vernunftwidrigkeiten aller Art aufgedeckt, sondern auch die psychologischen und anthropologischen Grundlagen menschlicher Emotionen, Affekte und Leidenschaften kritisch hinterfragt und analysiert werden.
- Im Unterschied zur romantischen Idealisierung der menschlichen Realität und damit zur Verleugnung ihrer Schattenseiten tendier-

ten Schopenhauer und Nietzsche generell zur Desillusionierung und im Besonderen zur Entlarvung unbewusster Motivationen, auch und gerade in moralischer Hinsicht.
- Man kann von einer »Entzauberung der Romantiknatur« (Marquard, 1987) sprechen. Egoismus, Aggression und Machtstreben – und damit auch das in der Romantik tabuisierte »Böse« – werden nunmehr der menschlichen Triebnatur zugerechnet.

Im 19. Jahrhundert begann sich eine neuartige *Psychologie des Unbewussten* zu artikulieren, und dies auf eine zunehmend kräftige und pointierte Weise. Dazu trugen neben Carus und dem zwischen Psychophysik und Mystik hin- und hergerissenen Gustav Theodor Fechner insbesondere Schopenhauer, Nietzsche und Freud bei. Dass in Schopenhauers und Nietzsches Willensmetaphysik der Keim zu einer Psychologie des Unbewussten enthalten ist, lag an ihrer Lehre vom Primat des Willens und der untergeordneten Stellung des Intellekts. Die darin liegende Pointe brachte Schopenhauer auf die Formel: »Was dem Herzen widerstrebt, lässt der Kopf nicht ein« (Schopenhauer, 1844/1977, S. 244). Auch Nietzsche fand für diese Verdrängungsdynamik eine prägnante Formulierung: »›Das habe ich getan‹, sagt mein Gedächtnis. ›Das kann ich nicht getan haben‹ – sagt mein Stolz und bleibt unerbittlich. Endlich – gibt das Gedächtnis nach« (Nietzsche, 1886/1980, S. 68).

An vielen Textstellen lässt sich zeigen, dass die Abwehr bzw. Unterdrückung von triebhaft und affektiv besetzten Vorstellungen und damit die Idee eines *»dynamisch«* Unbewussten schon bei Schopenhauer und Nietzsche im Keim vorhanden war. Nietzsches »entlarvende Psychologie« bietet tiefe Einblicke in dynamische Abwehrvorgänge (Verdrängung, Projektion, Rationalisierung, Verinnerlichung, Wendung gegen das eigene Selbst) und dient der Aufdeckung unbewusster Motivationen und ihrer pathogenen Wirkungen auf den Einzelnen und die Kultur. Wer sich auf eine solche »Hermeneutik des Verdachts« (Ricoeur) einlässt, sieht sich mit einem Entlarvungsgestus und einer Technik des Hinterfragens konfrontiert, die später auch Freuds Denkstil geprägt hat.

Das therapeutische *Arbeiten mit dem Unbewussten* hat in der Praxis der heutigen psychodynamischen Psychotherapie nach wie vor einen zentralen Stellenwert. Die psychische Dynamik des Unbewussten wird allerdings sehr unterschiedlich gesehen, je nachdem wie sich die Therapeuten an den Konzepten der Trieb-, Ich-, Objektbeziehungs- und Selbstpsychologie orientieren und wie sie zum Paradigmenwechsel in Richtung Intersubjektivität stehen. Als Hauptkategorien haben sich in den heutigen psychodynamischen Richtungen ein »dynamisch«, »intersubjektiv«, »implizit« und »kreativ« Unbewusstes herauskristallisiert (vgl. Bohleber, 2013; Mertens, 2013; Gödde, 2014).

Nach diesem knapp gehaltenen Überblick über die Entwicklung der Philosophie und Psychologie des Unbewussten geht es in Kapitel 2 um die Grundlegung der psychoanalytischen Konzeption des Unbewussten. Freud nahm von Anfang an eine Gegenposition zur Akademischen Psychologie ein, die sich seit den 1870er Jahren als »klassische Bewusstseinspsychologie« formiert hatte. In Kapitel 3 werden die Weiterentwicklung und die dabei entstehenden Differenzen in den heutigen psychodynamischen Konzeptionen des Unbewussten untersucht. Freuds Nachfolger haben sich nicht gescheut, den von ihm angestrebten »common ground« zu verlassen und eine Pluralität von Theoriesystemen des Unbewussten zu entwickeln. Darüber hinaus hat die Säuglings-, Bindungs- und Mentalisierungsforschung einen Paradigmenwechsel in Richtung »impliziter« und »intersubjektiver« Konzepte des Unbewussten in Gang gebracht. In Kapitel 4 wird die Unterscheidung zwischen einer vertikalen und horizontalen Dimension des Unbewussten eingeführt, die zur Annahme eines »resonant« Unbewussten führt und mit einem Wechsel der Leitmetaphern verbunden ist. Den Ausgangspunkt für das therapeutische Arbeiten mit dem Unbewussten bildet die Frage, wie sich der Therapeut oder die Therapeutin mittels des Zusammenspiels von freien Einfällen und gleichschwebender Aufmerksamkeit, der Erkenntnisinstrumente von Übertragung und Gegenübertragung, des szenischen Verstehens und der intersubjektiven Gestaltung der therapeutischen

Beziehung dem Unbewussten annähern kann (Kapitel 5). Zum Verstehen und Interpretieren der unbewussten Prozesse im Patienten dienen psychodynamische Basiskonzepte wie das Offenlegen krank machender Geheimnisse, die aufdeckende Bearbeitung unbewusster Konflikte, die Orientierung am unbewussten Konfliktverarbeitungsmodus und das strukturbezogene Vorgehen (Kapitel 6). Hinsichtlich des »kreativ« Unbewussten werden Erfahrungen mit der unbewussten Intuition und der Kreativität sowie das Arbeiten mit Märchen und Träumen näher betrachtet und an Beispielen aus der therapeutischen Praxis veranschaulicht (Kapitel 7). In Kapitel 8 geht es abschließend um einen Beitrag zur Klärung der psychoanalytischen Begrifflichkeit des Unbewussten.

Für wertvolle Hinweise bei der Überarbeitung und Kürzung danke ich ganz herzlich Inge Seiffge-Krenke, Werner Pohlmann und meiner Frau Hilde Kronberg-Gödde.

2 Das Unbewusste als Grundpfeiler der Psychoanalyse

Freuds Psychologie des Unbewussten war von Anfang an als Gegenmodell zur »klassischen Bewusstseinspsychologie« angelegt. Ein wesentlicher Punkt bei der Einführung des Unbewussten betraf den Begriff des *Psychischen*. Während die Bewusstseinspsychologie davon ausging, dass das Psychische und das Bewusste identisch seien, nahm Freud in der »Traumdeutung« eine dezidierte Gegenposition ein: Es gebe nicht nur ein bewusst, sondern auch ein unbewusst Psychisches. Dabei kam es ihm sehr gelegen, dass er sich auf Theodor Lipps als Kronzeugen für seine Psychologie des Unbewussten berufen konnte. Lipps gehörte damals neben Franz Brentano und Wilhelm Wundt, die sich entschieden gegen die Annahme eines Unbewussten gewandt hatten, zu den führenden Vertretern der Akademischen Psychologie in Deutschland. Bemerkenswert ist, dass er in einem programmatischen Vortrag von 1896 die These vertrat, die Frage des Unbewussten in der Psychologie sei weniger *eine* psychologische Frage als *die* Frage der Psychologie. Nach der Bezugnahme auf Lipps fährt Freud fort: »Solange die Psychologie diese Frage durch die Worterklärung erledigte, das ›Psychische‹ sei eben das ›Bewußte‹, und ›unbewußte psychische Vorgänge‹ ein greifbarer Widersinn, blieb eine psychologische Verwertung der Beobachtungen, welche ein Arzt an abnormen Seelenzuständen gewinnen konnte, ausgeschlossen« (1900, S. 616).

Den Ausgangspunkt für die psychoanalytische Konzeption des Unbewussten bildeten Freuds klinische Erfahrungen in seiner therapeutischen Praxis, die zur Erkenntnis der Verdrängungsdynamik führten. An diesem Leitbild hat er das Konzept des »dynamisch«

Unbewussten entwickelt, ohne sich aber mit einer *Klinischen Psychologie* zu begnügen. Parallel dazu wandte er sich dem Projekt einer *Metapsychologie* des Unbewussten zu, das dazu dienen sollte, die Wissenschaftlichkeit seiner neuen Psychologierichtung zu begründen.

2.1 Freuds Psychologie des »dynamisch« Unbewussten

In der Behandlung hysterischer Patientinnen erkannte Freud, dass psychische Konflikte, etwa geheime Liebeswünsche oder sexuelle Phantasien, ängstigende und peinliche Vorstellungen hervorrufen, die aus moralischen Gründen »mit dem Ich unvereinbar« sind und daher »verdrängt« werden. Den Hauptgrund für eine solche *Verdrängung*, die zum Ausschluss bestimmter Vorstellungen aus dem Bewusstsein und zur Abtrennung der damit verbundenen Affekte führe, sah Freud in einer unbewussten Intention: »weil es sich um Dinge handelte, die der Kranke vergessen wollte, die er absichtlich aus seinem bewußten Denken verdrängte, hemmte und unterdrückte« (1895, S. 89). Demnach kann derjenige, der verdrängt, etwas nicht aushalten oder nicht verarbeiten, weicht darum der Konfrontation mit dieser Peinlichkeit aus und sucht es vor sich selbst geheim zu halten. Unter ungünstigen Umständen entgleiten die nicht integrierten Anteile seiner Selbstregulierung, absorbieren einen Großteil seiner Affekte und können zu einem immer weitere Kreise ziehenden Krankheitsherd anwachsen. Freud plädierte für die konsequente »Aufdeckung« von Verdrängungen, um eine »Wiederkehr des Verdrängten« zu verhindern. Das Mittel der Wahrheitsfindung wirke bei unbewussten Konflikten befreiend. Das ins Unbewusste Verdrängte bezeichnete Freud als »dynamisch« Unbewusstes.

2.2 Das topische Modell von Bewusstem, Vorbewusstem und Unbewusstem

Freud hat den substantivischen Begriff des Unbewussten schon in Briefen an seinen Berliner Freund Wilhelm Fließ, in den »Studien über Hysterie« und anderen Schriften der 1890er Jahre verwendet. Aber erst in der »Traumdeutung« hat er ihn als wissenschaftlichen Grundbegriff *eingeführt*. Der Traum wird nun zum Beweis herangezogen, dass »das Unterdrückte auch beim normalen Menschen fortbesteht und psychischer Leistungen fähig bleibt« (1900, S. 613). Die Traumdeutung sei »die via regia zur Kenntnis des Unbewußten im Seelenleben«. Später erklärte Freud, er habe diesen Begriff »durch Verarbeitung von Erfahrungen, in denen die seelische Dynamik eine Rolle spielt«, gewonnen. »Das Verdrängte ist uns das Vorbild des Unbewußten« (1923, S. 240 f.). Von der Annahme, dass das Unbewusste den »vollen Wert einer psychischen Leistung beanspruchen kann«, ging Freud dann noch einen Schritt weiter und bezeichnete es als »*das eigentlich reale Psychische*« (1900, S. 617; Hervorh. von G. G.). Das bedeutet, dass er dem Unbewussten einen Primat im Psychischen zuerkannte. In engem Zusammenhang mit der beschriebenen Verdrängungsdynamik steht seine weitere Annahme, dass die aus dem Bewusstsein verdrängten Vorstellungen an einen bestimmten *Ort* gelangen. Im Rahmen seines *topischen Modells* unterschied er drei Systeme:
- Das *Bewusstsein* dient als Sinnesorgan zur Wahrnehmung psychischer Qualitäten.
- Das *Vorbewusste* umfasst seelische Inhalte, auf die das Bewusstsein nicht sofort zugreifen kann, die jedoch durch Suchen nach Zusammenhängen auftauchen oder einem »einfallen«. Es gilt zwar auch als eine Form des Unbewussten, aber nur im *deskriptiven* Sinne.
- Das (eigentliche) *Unbewusste* ist durch eine Zensur vom Vorbewussten getrennt und wird als Region der verdrängten Wünsche, Leidenschaften und Phantasien betrachtet, die ins Bewusstsein zurückdrängen.

2.3 Das Strukturmodell von Es, Ich und Über-Ich

In seiner mittleren Schaffensperiode von 1900 bis 1915 gab Freud der Konzeption des Unbewussten mithilfe der Triebtheorie ein neues Fundament. In dem Aufsatz »Das Unbewußte« (1915) wird die bisherige Gleichsetzung von Verdrängtem und Unbewusstem relativiert: Das Verdrängte decke nicht alles Unbewusste ab, sondern sei nur ein Teil desselben. In diesem Zusammenhang sprach Freud von »ererbten psychischen Bildungen«, die den Kern des Unbewussten ausmachen. Neben dem Verdrängungs- gebe es ein genetisch mitbedingtes und durch Kindheitserfahrungen geprägtes *Trieb-Unbewusstes*. Da er in der therapeutischen Praxis nicht umhinkam, nach und nach die Grenzen und Inkonsistenzen des topischen Modells zu erkennen, sah er sich 1923 zur Einführung eines *Strukturmodells* mit den Instanzen von Es, Ich und Über-Ich veranlasst:

- Das Es ist weitgehend identisch mit dem Trieb-Unbewussten, dem Bereich der angeborenen und lebensgeschichtlich erworbenen Triebtendenzen.
- Das Ich befasst sich sowohl mit seinen eigenen Inhalten als auch denen des Es, des Über-Ichs und der Außenwelt und vermittelt zwischen ihnen.
- Das Über-Ich gilt als Sitz von Erfahrungen, die in der Kindheit als Ideale, Moral und Gewissen verinnerlicht wurden.

Im Strukturmodell blieb Freud nicht bei unbewussten Vorgängen im Es (wie unbewussten Wünschen und Phantasien) stehen, sondern räumte *unbewussten Ich- und Über-Ich-Anteilen* (wie Angst und Abwehrmechanismen, Scham- und Schuldgefühlen) einen hohen Stellenwert ein. Das Verdrängungs- und Trieb-Unbewusste wird im Wesentlichen dem Es, der unbewusste Verdrängungsakt dem Ich und die Zensur dem Über-Ich zugeordnet.

Worin unterscheiden sich die beiden Modelle des Psychischen? Im topischen Modell steht die Frage nach dem Ausschluss psychischer Kräfte aus dem Bewusstsein im Brennpunkt, und daher geht es in der therapeutischen Praxis vorrangig um das Bewusstmachen des Unbewussten. Das Strukturmodell ist hingegen in erster Linie auf die psychischen Funktionen des Ichs und sein Verhältnis zu den drei Gegenspielern von Es, Über-Ich und Außenwelt ausgerichtet. Daher sieht der späte Freud die therapeutische Aufgabe darin, »das Ich zu stärken, es vom Über-Ich unabhängiger zu machen, sein Wahrnehmungsfeld zu erweitern und seine Organisation auszubauen, so dass es sich neue Stücke des Es aneignen kann« (1933, S. 86).

2.4 Freuds hermeneutische Psychologie »des anderen Sinns«

Freud hat der Konzeption des psychisch Unbewussten zum Durchbruch verholfen. Dabei hat er mit zunehmender Entschiedenheit eine Gegenposition zum Cartesianismus und dessen Bewusstseinsphilosophie bezogen. Es sei eine Illusion anzunehmen, dass das Bewusstsein dem Ich hinreichend Auskunft darüber gebe, was sich an psychischen Vorgängen in ihm abspiele, und dass der Wille ausführe, was ihm das Ich angeordnet habe. Die Ohnmacht von Bewusstsein, Ich und Wille hat in Freuds Werk die Bedeutung einer anthropologischen Tatsache erlangt. Gerade die seelischen Krankheiten würden zeigen, dass »*das Ich nicht Herr sei in seinem eigenen Haus*« (Freud, 1917, S. 11).

In der Pionierphase der Psychoanalyse galt Freuds Hauptaugenmerk dem dynamisch Unbewussten, das weitgehendere pathogene Wirkungen entfaltet als ein (nur) kognitiv Unbewusstes. In engem Zusammenhang damit stehen die Konzepte der unbewussten Konflikte, der unbewussten Angst und der daraus resultierenden Abwehrmechanismen, der unbewussten Phantasien, des unbewussten Schuldgefühls und generell der unbewussten Motive.

Festzuhalten ist weiterhin, dass Freuds Werk eine hoch differenzierte Lehre der unbewussten Bedeutungen bzw. des »unbewussten Sinns« enthält. Schon auf der ersten Seite der »Traumdeutung« hat er ein Sinnkriterium eingeführt, das aufhorchen ließ. Mithilfe der psychoanalytischen Methode lasse sich jeder Traum als »ein sinnvolles Gebilde« erfassen, das »an angebbarer Stelle in das seelische Treiben des Wachens einzureihen« sei (1900, S. 1). Auf dieses Sinnkriterium und die sich daraus ergebenden Deutungsmöglichkeiten griff Freud an späteren Stellen immer wieder zurück. Wenn man seine Methode der Traumdeutung adäquat anwende, erkenne man, dass »der Traum wirklich einen Sinn hat und keineswegs der Ausdruck einer zerbröckelten Hirntätigkeit ist« (1900, S. 126).

Das Sinnkriterium hat Freud auf alle psychischen Phänomene wie zum Beispiel die Fehlleistung und den Witz angewandt und dem »Sinn der Symptome« in den »Vorlesungen zur Einführung in die Psychoanalyse« (1916–17) ein eigenes Kapitel gewidmet. An Beispielen einer Symptomhandlung, einer Wahnidee und anhand von Zwangssymptomen suchte er darin nachzuweisen, dass sie sinnvoll und gut motiviert sind und sich in den Zusammenhang des affektiven Erlebens eines Patienten einreihen lassen. Mit dem von Freud zugrunde gelegten Sinnkriterium wird den aus dem normalen, vorbewusst-bewussten Sinnverständnis ausgeschlossenen Phänomenen »ein alternativer, anderer Sinn« zugesprochen. In der Annahme dieses anderen, verstehbaren und deutbaren Sinns kann man geradezu eine wissenschaftskonstituierende Voraussetzung der Psychoanalyse sehen und sie dementsprechend als »*Psychologie des anderen Sinns*« bezeichnen (Schöpf, 1982, S. 135).

Demnach hat die Hermeneutik als Lehre vom Verstehen und Interpretieren einen hohen Stellenwert in der psychodynamischen Psychotherapie. Timo Storck (2016) hat »unbewusste Verstehensereignisse« wie Nicht-, Miss- und Andersverstehen ins Blickfeld gerückt und seine Überlegungen in einem (negativ-)dialektischen Modell aus Verstehen und Nicht-Verstehen bzw. aus Sinn und Nicht-Sinn zusammengeführt.

3 Das Unbewusste in der heutigen Pluralität psychodynamischer Therapiekonzepte

Psychodynamische Psychotherapie wird auf Vorschlag des »Wissenschaftlichen Beirats Psychotherapie« als Oberbegriff für die tiefenpsychologisch fundierte und die analytische Psychotherapie verwandt. Beide sind psychoanalytisch begründet und an der unbewussten Konflikt- und Strukturdynamik, der therapeutischen Beziehungserfahrung im Hier und Jetzt, der Selbsterforschung im Rahmen der therapeutischen Beziehung und der aufdeckenden Vorgehensweise ausgerichtet. Innerhalb der heutigen psychodynamischen Richtungen gibt es eine selbst für Experten verwirrende Vielfalt theoretischer Perspektiven:
- Im Rahmen der *Triebpsychologie* geht es in erster Linie um die Erforschung der Konflikte zwischen Triebwünschen und Abwehrtendenzen sowie zwischen gegensätzlichen Triebtendenzen und den sich daraus ergebenden Triebschicksalen.
- In der *Ichpsychologie* stehen die Ich-Funktionen der Anpassung, Realitätsprüfung und Abwehr und die darauf fußende Diagnostik der Ich-Struktur im Brennpunkt.
- In den *Objektbeziehungstheorien* hat sich der Hauptakzent auf den Einfluss der Beziehungserfahrungen verschoben, die von Geburt an die Entwicklung bestimmen, internalisiert werden und ihren Niederschlag in inneren Objekten und prägenden Beziehungsmustern finden.
- In der *Selbstpsychologie* wird das Unbewusste nicht mehr in erster Linie als Ort der Triebwünsche und -konflikte, sondern als Ort unerfüllt und defizitär gebliebener »Selbstobjektbedürfnisse« betrachtet.

– Die Wende zu den *relationalen* und *intersubjektiven* Konzepten hat zu einer neuartigen Synthese von Psychischem und Sozialem, von Selbst und Anderem geführt.

Im Hinblick auf das therapeutische Arbeiten mit dem Unbewussten sind die Differenzen zwischen den psychodynamischen Richtungen nicht minder groß (vgl. Leuzinger-Bohleber u. Weiß, 2014; Gödde u. Zirfas, 2016; Gumz u. Hörz-Sagstetter, 2018).

3.1 Das Unbewusste in der Polarität von Einsichts- und Erlebnistherapie

Freud suchte in der Therapie eine Aufhebung der Abwehr und eine Bewusstmachung des Unbewussten zu erreichen. Beim Mittel des *Erinnerns* bezieht sich die Einsicht vorwiegend auf unbewusste Konflikte in der Vergangenheit, beim *Wiederholen* auf die pathologischen Verzerrungen der Übertragung und beim *Durcharbeiten* auf die Dynamik der Widerstände. Das Freud zugeschriebene Therapiemodell lässt sich als »*Heilung durch Einsicht*« charakterisieren, da es darauf abzielt, Unbewusstes mithilfe von Deutungen bewusst zu machen und dadurch eine Befreiung von Symptomen oder eine Charakteränderung zu erreichen.

Im Unterschied zu Freud sah sein langjähriger Mitarbeiter Sándor Ferenczi in der Trias von Erinnern, Wiederholen und Durcharbeiten ein Übergewicht an kognitiver und genetischer Orientierung. Daher unternahm er »technische Experimente« (1920–1933) mit einer aktiveren und stärker das Erleben ansprechenden Behandlungsform. Entscheidend sei, dass Affekte in der aktuellen Therapiesituation erst »aufgefrischt« werden müssen, um überhaupt wirksam zu werden. Die Losung hieß: »was uns nicht unmittelbar in der Gegenwart, also real affiziert, muß psychisch unwirksam bleiben« (Ferenczi u. Rank, 1924/1996, S. 235).

Im Kontrast zu Freud, der sich in der Therapie als väterlich-strenge Instanz sah und auf dem Prinzip der Versagung insistierte, wählte

Ferenczi in einer Gegenidentifizierung die mütterlich-einfühlsame Position und arbeitete auch mit Gewährung, um bei den Patienten keinen unnötigen Trotz aufkommen zu lassen und Verhärtungen in der therapeutischen Beziehung zu vermeiden. Was sich in einer paternal geprägten Beziehungswelt an unbewussten Vorgängen konstelliert, hebt sich deutlich von dem in einer maternal erlebten Therapiebeziehung ab.

Freuds Einsichtstherapie lässt sich dem *aufklärerischen* Menschenbild zuordnen; charakteristisch dafür ist »das verantwortungsvolle und tapfere Umgehen mit der eigenen Triebhaftigkeit, den nie zur Ruhe kommenden Wünschen, der Selbsttäuschung und dem allgegenwärtigen Verlangen, den eigenen Vorurteilen und Größenphantasien gegen die Stimme der Vernunft nachzugeben« (Mertens, 2009, S. 99). Demgegenüber ist bei Ferenczi eine Nähe zum *romantischen* Menschenbild erkennbar, das »auf die Entwicklung und Einzigartigkeit des Individuums, auf dessen Spontaneität und die Reichhaltigkeit seiner Erfahrungen in der Beziehung zu anderen Menschen« (S. 99) ausgerichtet ist. Er hat eine Therapie der »*emotionalen Erfahrung*« angebahnt, der sich Michael Balint mit seiner Annahme einer »primären Objektliebe«, Donald W. Winnicott mit seiner Annahme eines »wahren Selbst« und Heinz Kohut mit seiner Ausrichtung an der »Selbstkohärenz« und »Empathie« zurechnen lassen.

3.2 Neue Akzentuierungen des Unbewussten in der Objektbeziehungs- und Selbstpsychologie

Nach Freuds Tod etablierten sich die *Objektbeziehungstheorien*, insbesondere die von Melanie Klein begründete Schulrichtung und die britische »Middle Group« um Balint, Winnicott und Fairbairn. Sie lenkten den Blick von den Triebwünschen und der Ich-Abwehr auf die Eltern-Kind-Beziehungen, die in verinnerlichten Objekten und Objektbeziehungen repräsentiert werden. Ein weiterer Schwerpunkt war die Aktualisierung der kindlichen Beziehungserfahrungen in der psychoanalytischen Situation. Balint sprach im Hinblick auf den Therapeuten von der »Heilkraft des Objekts« (1968, dt. 1973, S. 193), an dem der Patient neue emotionale Erfahrungen machen könne. Bei schwer zu behandelnden Patienten sei es wichtig, dass der Therapeut auf alle nicht unbedingt notwendigen Eingriffe verzichtet und Deutungen möglichst nur dann gibt, wenn er ganz sicher ist, dass der Patient sie »braucht« (S. 219). Winnicott thematisierte den »intermediären Raum«, in dem sich das Zusammenspiel zwischen Patient und Therapeut entfalten könne: »Hieraus folgt, dass die Arbeit des Therapeuten, wo Spiel nicht möglich ist, darauf ausgerichtet ist, den Patienten aus einem Zustand, in dem er nicht spielen kann, in einen Zustand zu bringen, in dem er zu spielen imstande ist« (Winnicott, 1971, S. 49).

Mit zunehmender Deutlichkeit wurde erkennbar, welchen Einfluss unbewusste Prozesse der Identifizierung, Projektion und projektiven Identifizierung auf die Beziehung zu sich selbst und zu anderen haben können. Unbewusstes wird hier mit komplexen Beziehungserfahrungen in Verbindung gebracht, die sich in der therapeutischen Beziehung reinszenieren, und hat mit Internalisierungsprozessen zu tun, die spezifische Abwehrprozesse auslösen, wie etwa die Spaltung beim Internalisierungsprozess der Introjektion. Abwehr gehe nicht von einem »Ich« aus, sondern von den Zuständen, die durch die Internalisierung entstehen.

Im Weiteren entwickelte Kohut eine erlebnismäßig und ganzheitlich orientierte *Selbstpsychologie*. Der Mensch sei von Kindheit an auf die Präsenz und Verfügbarkeit von Bezugspersonen angewiesen, die er als »Selbstobjekte« dazu verwende, die Kohäsion des eigenen Selbst zu fördern. Für die Konstitution des Selbst wird der *Empathie* der Bezugspersonen besonderes Gewicht beigemessen. Der selbstpsychologisch orientierte Therapeut sucht den unerfüllt gebliebenen Selbstobjektbedürfnissen des Patienten mit möglichst optimaler Resonanz zu begegnen.

Von den grundlegenden Selbstobjektbedürfnissen nach Spiegelung, Idealisierung und Zugehörigkeit lassen sich Rückschlüsse auf eine romantische Wunschwelt ziehen (Hartmann, 2005, S. 529). Die emotionale Öffnung zum inneren Erleben des Patienten wird als entscheidender Zugang zum Unbewussten erachtet, weil dadurch sein Erleben als anerkennens- und liebenswertes Selbst gestärkt werde. Hier geht es um unbewusste Erfahrungen mit narzisstischen Wünschen, die ebenfalls mit spezifischen Beziehungskonstellationen verbunden sind. Die Unterschiede zwischen der romantischen Selbstpsychologie und der klassischen Psychoanalyse haben mit der »Vermittlung zwischen innerer Natur und äußerer Realität« zu tun, die »zum großen Teil auch den angenommenen Inhalt des Unbewussten bzw. den Umgang damit« bestimmt (S. 535).

Die Objektbeziehungstheoretiker und Selbstpsychologen haben im Hinblick auf die Konzeption des Unbewussten *neue Akzente* gesetzt:
- Beide Richtungen haben den Übergang von einem intrapsychischen Paradigma zu einem Paradigma des unbewussten Beziehungsgeschehens angebahnt.
- Beiden kommt das Verdienst zu, den Beitrag des Therapeuten an der Gestaltung einer Therapie verstärkt ins Blickfeld gerückt und den Weg für eine »Zwei-Personen-Psychologie« frei gemacht zu haben.
- Konzentrieren sich die Objektbeziehungstheoretiker mehr auf die Inhalte unbewusster verinnerlichter Objektbeziehungen, so die Selbstpsychologen mehr auf die Einschätzung der Selbstzustände zwischen den Polen Kohärenz und Fragmentierung (Giesers u. Pohlmann, 2010, S. 661).

3.3 Die Weichenstellung zu einer Konzeption des »intersubjektiv« Unbewussten

Im Rahmen ihrer »*intersubjektiven*« Selbstpsychologie haben George Atwood und Robert Stolorow (1984) den Begriff des »intersubjektiven Feldes« eingeführt. Fast zeitgleich gaben Jay Greenberg und Stephen Mitchell (1983) die Initialzündung für eine »*relationale*« Psychoanalyse, wobei sie an Harry Stack Sullivans interpersonelle Psychotherapie, Donald W. Winnicotts Konzept eines »potenziellen Raums« zwischen innen und außen, Phantasie und Realität, Selbst und Anderem und Hans Loewalds Begriffe der inneren »Bezogenheit«, der »psychischen Matrix« und des »interpsychischen Feldes« anknüpften (vgl. Altmeyer, 2006, S. 96). Da die intersubjektive und die relationale Richtung in ihren Konzepten des Unbewussten weitgehend übereinstimmen, werden sie unter dem Oberbegriff eines *intersubjektiv Unbewussten* gemeinsam behandelt. Für sie ist die therapeutische Beziehung der Ort des Unbewussten: »Hier wird das Unbewusste in impliziter Form in der Beziehung ausgelebt und kann in der Beziehung zum Analytiker von einem ›nicht-artikulierten‹ Zustand in einen ›miteinander verhandelten‹ und ›ko-konstruierten‹ bewussten Zustand überführt werden« (Bohleber, 2013, S. 807). Das zu erforschende Unbewusste wird als »intersubjektive Koproduktion« von Patient und Therapeut betrachtet. Das intersubjektive Feld der therapeutischen Beziehung hat drei Merkmale:

- Bipersonalität: Das Feld wird grundsätzlich von beiden Beteiligten getragen und geprägt.
- Wechselseitigkeit: Die Beteiligten stehen in einem beständigen Prozess der gegenseitigen zumeist unbewussten Einflussnahme.
- Kontextabhängigkeit: Das Feld unterliegt einer fortlaufenden Veränderung je nach den Bedingungen, unter denen die Begegnung stattfindet (vgl. Ermann, 2014, S. 97).

Werner Pohlmann hat darauf hingewiesen, dass die Wechselseitigkeit nicht zwischen den beteiligten Personen, sondern »zwischen den Personen und dem Feld« geschieht. »Das Feld ist Bedingung für das Verhalten und Erleben der in ihm sich Bewegenden und umgekehrt, die Teilnehmer strukturieren ihrerseits die spezifische Eigenart des Feldes, das so eine Eigendynamik entwickelt, in die die Beteiligten gleichermaßen einbezogen sind.« Die behandlungstechnischen Begriffe von Übertragung, Widerstand, Deutung u. a. würden dann nicht mehr den beteiligten Personen zugeordnet, sondern »stattdessen Entwicklungsrichtungen des intersubjektiven Feldes« markieren. Demnach sind die Entwicklung des Intrapsychischen von Patient und Therapeut und des intersubjektiven Feldes zusammengehörig. »Vom Konzept eines intersubjektiven Feldes kommt dem Analytiker paradoxerweise im Behandlungsprozess eine besondere Verantwortung zu, weil er sowohl ein dynamischer Wirksamkeitsfaktor als auch derjenige in diesem Feld ist, der aufgrund seines Wissens über die Dynamik des Prozessgeschehens ein herausgehobener Gestalter dieses Prozesses ist« (Pohlmann, 2015, S. 475 f.).

In Kapitel 5.4 wird die intersubjektive Gestaltung der therapeutischen Beziehung an einem Fallbeispiel von Stephen Mitchell verdeutlicht.

3.4 Die Erweiterung zum »implizit« Unbewussten

Eine wichtige Voraussetzung für die weitere Konzeptualisierung des Unbewussten in der Psychoanalyse war die interdisziplinäre Öffnung zu den Nachbarwissenschaften. In der Säuglingsforschung hat sich das Konzept eines noch vor der Sprachentwicklung erworbenen »impliziten Beziehungswissens« mit begleitenden Gefühlen und Körpersensationen als bedeutsam erwiesen. Das in der nichtverbalen Entwicklung erworbene Beziehungswissen werde, so die neuere Gedächtnisforschung, in einem *impliziten* (prozeduralen) Gedächtnis gespeichert, während das später entstehende Gedächtnis einem *expliziten* (deklarativen) Modus unterliege. Das implizit-prozedurale Gedächtnis bewahre Erinnerungen vor allem der ersten zwei Lebensjahre auf, die keine bildliche oder sprachlich-symbolische Repräsentanz aufweisen. Demgegenüber sind die Inhalte des expliziten Gedächtnisses autobiografische Erfahrungen, wozu auch psychische Vorgänge gehören, die ins Unbewusste verdrängt worden sind, aber bewusst gemacht werden können.

In der Therapie spielen explizite Inhalte der Rede und implizite Modi von Mimik, Gestik, Intonation, Prosodie zusammen, wobei sich der Behandlungsfokus bei zunehmendem Grad an strukturellen Defiziten auf die Seite des Prozeduralen verschiebt. Man kann in diesem Zusammenhang von einer »impliziten Behandlungstechnik« sprechen, die sich am Prinzip eines entwicklungsfördernden Umgangs mit der therapeutischen Beziehung orientiert (Ermann, 2005). Die Differenz der beiden Gedächtnissysteme lässt sich mit der Unterscheidung zwischen einem *Vergangenheits-* und einem *Gegenwarts*-Unbewussten von Anne-Marie und Joseph Sandler (1985) verbinden: Man kann annehmen, dass das Vergangenheits-Unbewusste zum großen Teil aus impliziten Wissens- und Fühlelementen besteht, während das Gegenwarts-Unbewusste überwiegend aus deklarativen Gedächtniselementen gebildet wird. Im Gegenwarts-Unbewussten ist aber das Vergangenheits-Unbewusste immer auch wirksam.

Im Hinblick auf das implizite Beziehungswissen erscheint das Modell eines dynamisch Unbewussten als unzureichend. Eine notwendige Ergänzung ist das Konzept vom *implizit Unbewussten*, dessen Inhalt die frühen Objektbeziehungen bilden, die sich als Repräsentanzen oder als innere Objekte darin niederschlagen. Auf dem Hintergrund des Konzeptes eines intersubjektiv Unbewussten entwickelt sich auch ein implizit Unbewusstes des intersubjektiven Feldes: »Die reziprok ausgesendeten und empfangenen Signale in dieser emotional unbewussten Kommunikation führen zu einer Verschränkung von Patient und Analytiker, bei der die unbewussten affektiven Mitteilungen des einen zu unbewussten affektiven Reaktionen des anderen führen, ohne dass sich dies auf einer sprachlich zugänglichen, psychisch bereits repräsentierten Ebene abspielt« (Mertens, 2013, S. 830).

Die Bostoner Arbeitsgruppe um Daniel Stern, die offensiv für eine Relativierung verbaler, deutender und einsichtsorientierter Wirkfaktoren der Therapie eintritt, hat psychische Veränderungsprozesse entscheidend auf therapeutisch relevante »Gegenwartsmomente« zurückgeführt: Der *Now Moment* wird als bedeutsamer, plötzlich wie ein Kairos auftauchender Augenblick betrachtet, für den Gegenwärtigkeit und die Notwendigkeit zu handeln charakteristisch ist. Der *Moment of Meeting* folgt gewöhnlich unmittelbar auf einen Now Moment und ermöglicht einen authentischen Kontakt zwischen Therapeut und Patient, der Veränderungen in der »gemeinsamen impliziten Beziehung« bewirken kann (Stern et al., 2012).

Dazu ein Fallbeispiel aus einer Supervision von Helmut Junker: Ein 20-jähriger Mann war durch die Teilnahme an einer mit Gewalttätigkeiten verbundenen Demonstration in einen panikartigen Schock versetzt worden, der eine Sprechstörung und im Weiteren eine Stimmbandlähmung auslöste. Nach mehreren Wochen äußerte sich die Therapeutin über ihr Erleben in dieser stumm-sprechenden, notdürftig interagierenden Therapie: »Ich glaube, Sie haben mich in den letzten Stunden etwas fühlen lassen, was kaum auszuhalten, geschweige denn in Worte zu fassen ist. In Ihnen ist so viel Verzweiflung, so viel unterdrückte Wut und so viel Resignation, daß Sie von der Vorstellung blockiert sind, selbst ein lautes Schreien könnte Ihnen nicht helfen, sich von dem Furchtbaren zu befreien, das Sie fast ersticken läßt. Alles ist sinnlos, schreien, strampeln, sich wehren. Und ich glaube, Sie haben große Angst, daß Sie einem anderen etwas Schlimmes antun könnten, wenn Sie etwas aus sich herauslassen« (Junker, 2005, S. 192f.).

Die einzelnen Passagen dieser Äußerung lassen sich daraufhin untersuchen, inwieweit sie einen Begegnungsmoment zum Ausdruck bringen. Was mag dazu beigetragen haben, dass die Sprechfähigkeit des Patienten nach dieser Intervention wieder hergestellt war? »Mag sich der Patient an seine erstickende Kindheitssituation erinnert haben, an die Hilflosigkeit während der Demonstration, seine die Kehle zuschnürende Sprechunfähigkeit und an die Deutung der Therapeutin – in einer bewußten, ahnenden oder auch sprachlos inneren Weise –, jedenfalls ist die Therapeutin in jeder dieser Situationen bei ihm geblieben.« Sie habe die drei Bedrohungen des Patienten ausgehalten und aufgrund ihrer emotionalen Präsenz mit ihm »eine verdichtete psychische Situation der Teilhabe« erleben können, die sich als heilsam erwies (S. 195).

Mit der stärkeren Ausrichtung an implizitem Beziehungswissen, Begegnungsmomenten und Enactments ist in der psychodynamischen Psychotherapie die Bedeutsamkeit des implizit Unbewussten zunehmend ins Blickfeld gerückt.

4 Die vertikale, horizontale und resonante Dimension des Unbewussten

Unbewusstes bzw. unbewusste Prozesse im strengen Sinne lassen sich nicht positiv beschreiben und bestimmen. Eine Möglichkeit, um sich dem »hinter« dem Bewusstsein Wirkenden anzunähern, hat man in der Philosophie und Psychologie des Unbewussten frühzeitig praktiziert: den Rückgriff auf *Metaphern*, da sie sich dazu eignen, die Vermittlung und den Austausch wissenschaftlicher Ideen zu ermöglichen. Das soll aber nicht heißen, dass man die große Bedeutung von Metaphern für Philosophie und Wissenschaft hinreichend reflektiert und erkannt hätte. Es scheint eher so zu sein, dass deren epistemische Funktion über weite Strecken der Geistesgeschichte unterschätzt worden ist. So galten Metaphern in der Aufklärung als etwas Unausgereiftes, zu Überwindendes, als bloße Vorstufe des begrifflichen Denkens oder als schmückendes Ornament. Die bildhaft-metaphorische Rede wurde weit unter dem Niveau der abstrahierend-begrifflichen Sprachverwendung eingestuft. Aus heutiger Sicht erscheint die Metapher jedoch umfänglicher und grundlegender als der Begriff, denn sie gestattet uns, tiefe Gefühle zu artikulieren, Komplexität zu reduzieren und Sinnlichkeit und Verstand zu integrieren. Hinzu kommt, dass auf metaphorischem Wege kognitive Strukturen weitervermittelt werden (vgl. Buchholz u. Gödde, 2005).

Freud war sich dessen bewusst, dass man sich beim Betreten wissenschaftlichen Neulands bestimmter Metaphern bedienen müsse, auch wenn diese »phantastisch und in einer wissenschaftlichen Darstellung gar nicht zulässig« seien (1916–17, S. 306). Auf das Unbewusste bezogen lässt sich die These vertreten, dass es geradezu unumgänglich ist, unbewusste psychische Vorgänge mit metaphorischen Mitteln zu umschreiben. Es bedarf aber einer kritischen Auseinandersetzung, ob die gerade vorherrschenden Metaphern des Unbewussten, die sich in bestimmten philosophisch-wissenschaftlichen und soziokulturellen Konstellationen herausgebildet haben, noch aufrechtzuerhalten oder revisionsbedürftig sind.

4.1 Polaritäten in der Metapherngeschichte des Unbewussten

Wenn wir uns der Metapherngeschichte des Unbewussten zuwenden, so fällt zunächst die Polarität von *Dunkelheit versus Helligkeit* ins Auge. »Als die Negativbildung *un*bewußt noch keineswegs Begriffsstatus hatte und vielmehr im Sinne von ›unbekannt‹ gebraucht wurde«, schreibt Mai Wegener, »bereitete die Metaphorik des Dunklen – als Gegensatz zur Helle des Bewußtseins – bereits jenes Feld vor, auf dem das Unbewußte in die Philosophie eingehen sollte« (Wegener, 2005, S. 204 f.). In der Aufklärung war der Begriff »dunkle« Vorstellungen als Gegensatz zu klaren und deutlichen Vorstellungen weit verbreitet. Nach Johann Georg Sulzer (1759) gibt es »dunkle Urteile, die wir fällen, ohne uns dessen bewusst zu sein, dunkle Empfindungen, ein dunkles Verlangen und einen dunkeln Abscheu« (zit. nach Lütkehaus, 1989, S. 22). Nach Kant spielt der Mensch oft mit dunklen Vorstellungen und hat ein Interesse daran, »beliebte oder unbeliebte Gegenstände von der Einbildungskraft in Schatten zu stellen« (Kant, 1798/1977, S. 418).

Des Weiteren spielte die Polarität von *Schatten und Licht* frühzeitig eine Rolle. Während die Aufklärung (»enlightenment«) Licht in das Dunkel von Aberglauben, Vorurteilen und Unwissenheit bringen wollte, hatten der Schatten und insbesondere die *Nacht* – als Zeit der Träume – für die Romantiker eine besondere Anziehungskraft. In der Spätromantik wurden Dunkelheit und Nacht dann mit dem Bösen, Dämonischen und Krankhaften konnotiert, wie es sich in Phänomenen wie Somnambulismus, Wahnsinn, Telepathie u. a. zeigt.

Aus Jean Pauls Roman »Selina« (1827) stammt der Satz: »Wir machen aber von dem Länderreichtum des Ich viel zu kleine oder enge Messungen, wenn wir das ungeheure Reich des Unbewußten, dieses wahre innere Afrika, auslassen« (zit. nach Lütkehaus, 1989, S. 77). Freud blieb in der Nähe jenes Bildes, als er das Unbewusste mit einer »psychischen Urbevölkerung« (1914, S. 94) und das weibliche Geschlechtsleben mit einem »dark continent« (1926, S. 241) verglich. Die mit diesem Metaphernfeld verbundenen Konnotationen weit, unermesslich, dunkel, unergründlich und heiß lassen das Unbewusste als Gegensatz zur Enge, Umgrenztheit, Helligkeit, Zugänglichkeit und Kälte des Bewusstseins hervortreten.

Dunkelheit, Schatten und Nacht sind optische Metaphern. Geht man wie Leibniz von der Annahme einer Kontinuität von den dunklen zu den hellen Vorstellungen aus, so bewegt man sich im Rahmen einer *Feldtheorie* mit fließenden Übergängen vom Bewussten zum Unbewussten, vom Blickpunkt zu den Rändern (vgl. Pongratz, 1984, S. 111 ff.). Innerhalb des Feldes kann es jederzeit zu einem Wechsel der Schattierungen von Dunkelheit und Helle, Schatten und Licht kommen.

Während sich die Feldtheorie mit der Vorstellung einer horizontalen Ebene verbinden lässt, legen räumliche Metaphern wie *Tiefe versus Höhe, Tiefe versus Oberfläche* sowie *unten versus oben* ein vertikales Denkmodell nahe. Im Rahmen einer solchen *Raumtheorie* des Bewussten und Unbewussten spielt die Dynamik eine große Rolle (vgl. Pongratz, 1984, S. 115 ff.). Das wird beispielsweise an der (metaphorischen) Annahme Johann Friedrich Herbarts und Gustav Theodor Fechners deutlich, dass Vorstellungen unter die »Bewusstseinsschwelle« verdrängt werden und dann wieder ins Bewusstsein zurückdrängen.

Als weitere räumliche Metapher wurde das Unbewusste als von der Außenwelt abgegrenzter psychischer *Binnenraum* konzipiert. Wo psychoanalytische Theorieentwicklungen hinzielten, ging es lange Zeit nur um das Intrapsychische, die Erkundung der sogenannten Innenwelt, als ob dies ein fest gefügter Bereich mit klar markierten Grenzen nach außen wäre. Damit ist die Vorstellung von Tiefe verknüpft, weil ihr das Primäre, Ursprüngliche und Unverstellte zugeschrieben wird.

Freuds Mentor Josef Breuer hat bereits in den »Studien über Hysterie« (1895) davor gewarnt, die Grenzen zwischen wissenschaftlichen und bloß metaphorischen Formulierungen zu verwischen. Es sei eine irreführende Denkgewohnheit, »hinter einem Substantiv eine Substanz anzunehmen, unter ›Bewußtsein‹, ›conscience‹ allmählich ein Ding zu verstehen«. Wenn man sich erst daran gewöhnt habe, »metaphorisch Lokalbeziehungen zu verwenden, wie ›Unterbewußtsein‹«, so bilde sich mit der Zeit »wirklich eine Vorstellung aus, in der die Metapher vergessen ist und mit der man leicht manipuliert wie mit einer realen. Dann ist die Mythologie fertig« (Breuer, 1895, S. 287). Daher stellt sich die Frage, ob die in der philosophischen Tradition des Unbewussten vorherrschenden Metaphern von Dunkelheit, Tiefe, Innenwelt, Oben und Unten für die heutige Orientierung noch ausreichend sind oder ob es einer Erneuerung durch alternative Metaphern bedürfte.

4.2 Die Fragwürdigkeit der räumlichen Metaphern von Oben und Unten, Tiefe und Innenwelt

»Man sollte die implizite Präsenz der Raummodelle der Psyche im Denken der Analytikerin, des Analytikers nicht unterschätzen«, schreibt Werner Bohleber in seinem Editorial zum Psyche-Sonderheft über das Unbewusste. »Obwohl abstrakte Konstruktionen, bestimmen solche metaphorischen Modelle unser Denken und können uns dazu verleiten, sie zu reifizieren, was sich dann wiederum in der Art niederschlägt, wie Deutungen formuliert und dann verbalisiert werden« (Bohleber, 2013, S. 807 f.).

In vielen Seelenkonzepten von der Antike über Descartes, Spinoza und Kant bis zu Hegel kann man eine Abstufung von oben nach unten, von den »höheren« zu den »niederen« Seelenkräften erkennen. Walter Schulz (1972/1993) spricht in diesem Kontext von einem Prinzip der

»Vergeistigung«, das dann im 19. Jahrhundert durch das von Feuerbach, Schopenhauer, Nietzsche und nicht zuletzt von Freud repräsentierte Prinzip der »Verleiblichung« abgelöst worden sei. Um das Verhältnis von unbewusstem Willen und Intellekt zu charakterisieren, griffen Schopenhauer und Nietzsche auf Metaphern wie Wurzel und Krone, Herr und Diener/Knecht sowie Ross und Reiter zurück. Damit wurde den triebhaften und irrationalen Motivationen im Psychischen der Vorrang vor den vernünftigen und geistigen eingeräumt, sodass oben und unten ihre Positionen in der seelischen Hierarchie wechselten. Angefangen bei Schopenhauer und Nietzsche über Herbart und Fechner zu Freud fand die Idee der Verdrängung von triebhaft und affektiv besetzten Vorstellungen zunehmend Beachtung (Gödde u. Buchholz, 2011, S. 32–43).

Bei Freud spielte das Denken in räumlichen Vorstellungen, trotz seiner Ablehnung eines »Unterbewusstseins«, durchgängig eine wichtige Rolle. Das gilt für sein topisches Schichtenmodell von Bewusstem, Vorbewusstem und Unbewusstem, aber auch für seine Archäologie-Metapher, die er verwandte, um das therapeutische Vordringen in die tieferen Schichten des Unbewussten mit der Ausgrabung einer verschütteten Stadt zu vergleichen (1895, S. 201).

Ebenfalls auf räumlichen Vorstellungen beruht der mehrfach herangezogene Vergleich des Bewusstseins mit Vordergrund, Oberfläche, Äußerem, Fassade, Schale und des Unbewussten mit Hintergrund, Tiefe, Innerem, Wesen, Kern einer Sache. In der Geringschätzung der Oberfläche als »oberflächlich« war man sich in der Psychoanalyse lange Zeit einig. Der manifeste Traum zählte weit weniger als die latenten Traumgedanken.

In dem sich ausdifferenzierenden psychoanalytischen Pluralismus ist Freuds Annahme eines von der Außenwelt für abgegrenzt gehaltenen psychischen Binnenraums bis heute erhalten geblieben, obwohl sie mit der phänomenologischen Konzeption des In-der-Welt-Seins nicht vereinbar ist (vgl. Merleau-Ponty, 1964/2004).

Wenn wir Freuds Einsicht folgen, dass wir nicht anders als metaphorisch über Unbewusstes und Seelisches sprechen können, dann müssen wir uns nicht an räumliche Metaphern allein binden. Die Alternative zur Metapher ist nicht der Begriff, sondern die alternative Metapher.

4.3 Der Gegensatz zwischen der horizontalen und vertikalen Dimension des Unbewussten

Das Unbewusste war in der Psychoanalyse lange Zeit mit einem *»repressiven«* Denkmodell verknüpft, das dem von Schopenhauer und Nietzsche angebahnten, von Freud systematisierten und in der psychodynamischen Therapiepraxis zum Tragen kommenden Verdrängungsmodell nahestand. Das repressive kann auch als *vertikales* (in die Tiefe gehendes) Modell des Unbewussten bezeichnet werden (Gödde u. Buchholz, 2011). Es spricht sich etwa in der Aufforderung an einen Patienten aus, Gedanken »aufsteigen« zu lassen, oder in der Vorstellung, zu einer »Tieferforschung« überzugehen. Das vertikale Modell versteht Tiefe als Ort des Wahren, Ursprünglichen und Wirklichen, aber auch des Bedrohlichen und Gefürchteten, weil sie in ungesichertes Terrain, in Abgründe führen könnte. Die Suche nach dem, was »dahintersteckt«, hat eine Haltung des »Entlarvens« (Nietzsche) oder des »Aufdeckens« (Freud) hervorgebracht, eine »Hermeneutik des Verdachts« (Ricoeur), als ginge es im Laufe eines therapeutischen Prozesses darum, einem Patienten oder einer Patientin immerzu »nachzuweisen«, dass sie »eigentlich« etwas anderes meinen, als sie tatsächlich sagen.

Dem vertikalen Modell haben Michael Buchholz und ich ein *horizontales* (sozial-interaktives) Modell des Unbewussten gegenübergestellt, das gleichsam in horizontaler Richtung soziale Bezüge zum Anderen entfaltet. Bemerkenswert ist, dass es in eigentümlicher Spannung zu den vertikal gedachten Konzepten eines Unbewussten steht (Gödde u. Buchholz, 2011).

Bei genauerer Betrachtung zeigt sich, dass Freud in seiner theoretischen Konzeption des dynamisch Unbewussten ein vertikales Denkmodell, für die Arbeit in der therapeutischen Praxis hingegen ein horizontales Modell bevorzugte. Der therapiebezogenen Devise »Unbewusstes versteht Unbewusstes« liegt die Vorstellung einer *unbewussten Kommunikation* zwischen beiden Beteiligten zugrunde: Wenn der Therapeut »dem gebenden Unbewußten des Kranken sein eigenes Unbewußtes als empfangendes Organ« zuwende, dann sei »das Unbewußte des Arztes befähigt, aus den ihm mitgeteilten Abkömmlingen des Unbewußten dieses Unbewußte, welches die Einfälle des Kranken determiniert hat, wiederherzustellen« (1912, S. 381 f.).

Ist das intersubjektive Feld, die Atmosphäre, die Ästhetik der Behandlung ein gemeinsames Werk von Patient und Therapeut, dann spricht viel für die Telefonmetapher, da bei einem Telefonat die Kommunikation von beiden Seiten geführt wird. Bollas spricht hier vom »Freud'schen Paar«, Ferenczi von »Sympathie, ohne die es keine Heilung« gebe, C. G. Jung von Unio mystica und moderne Babywatcher von »attunement«. Das horizontale Modell schätzt die Oberfläche und sucht unbewussten Sinn *im* verbalen und gestischen Austausch, nicht dahinter. Von daher könnte man Tiefe auch verstehen als ein Ausmessen des Beziehungsgeschehens und nicht als eine Ortsbestimmung. »Aufgedeckt« wird nicht das vom Patienten Verdrängte, sondern das, was im Beziehungsgeschehen ausgeschlossen werden muss.

4.4 Balance, Rhythmus und Resonanz als Leitmetaphern des »resonant« Unbewussten

Auch im Rahmen des intersubjektiven Paradigmas spielen räumliche Metaphern wie die des »intermediären Raums« und des »intersubjektiven Feldes« noch eine wichtige Rolle. Zu den neueren Kernmetaphern gehören insbesondere musikalische Metaphern wie etwa das musikalische Zuhören, in dem Resonanzphänomene anklingen, die bis in die Frühphase des implizit Unbewussten zurückreichen können. So beschrieb Joseph Dantlgraber (2008), wie ihm bei einer Patientin verschiedene Musikstücke in den Sinn kamen, die ihm zu einer wichtigen Deutung verhalfen.

In der therapeutischen Situation kommen vielfache Resonanzen zum Tragen, die im vertikalen Modell nicht ausgedrückt werden könnten, aber für die therapeutische Beziehungsgestaltung, für den Kontakt, fürs Verstehen von großer Bedeutung sind. Da die Terminologie vom horizontalen Unbewussten noch zu sehr mit den beschriebenen Problemen der räumlichen Metaphern verbunden ist, plädieren Michael Buchholz und ich dafür, von einem *resonant* Unbewussten zu sprechen, das den vielfachen Resonanzen in zwischenmenschlichen Beziehungen und speziell in der Therapiebeziehung Rechnung trägt. Hierzu gibt es mittlerweile hochinteressante mikroanalytische Untersuchungen, auf die an dieser Stelle leider nicht genauer eingegangen werden kann (vgl. Gödde u. Buchholz, 2011; Buchholz, 2012).

Der Soziologe Hartmut Rosa (2016) sieht in der Resonanzbeziehung zwischen dem Selbst und der Welt eine wesentliche Voraussetzung für ein »gutes Leben«. In lebendigen Beziehungen wird die Welt als responsiv erfahren. Das gilt für persönliche Beziehungen mit dem Lebenspartner, Familienangehörigen und Freunden ebenso wie für geistige Tätigkeiten, für Musik und Sport und last, but not least für die therapeutische Beziehung. Ein Mangel oder Verlust an Responsivität münde in pathogene unbewusste Prozesse ein, die Rosa mit Entfremdung in Verbindung bringt.

Die vertikale Dimension behält ihr Recht in der Rekonstruktion einer Geschichte, die aber immer eine intersubjektive Aktualgenese zwischen Patient und Therapeut hat und durch Metaphern der *Balance*, des *Rhythmus* und der *Resonanz* beschrieben werden kann (vgl. Buchholz u. Gödde, 2013). Mit solcher Umstellung ihrer Leitdifferenzen könnte die Psychoanalyse die Illusion aufgeben, dass sie den seelischen Binnenraum für sich, das heißt ohne Weltbezüge, untersuchen könnte. Daher spricht viel für die Annahme einer Komplementarität zwischen der vertikalen und der resonanten Dimension des Unbewussten.

5 Erleben und Erkennen der unbewussten Dynamik in der therapeutischen Beziehung

Der Therapeut muss im Umgang mit dem Unbewussten des Patienten und dem eigenen Unbewussten Unsicherheiten aushalten und reflektieren, bis er nach und nach in seiner Einschätzung der psychischen Dynamik an Klarheit und Sicherheit gewinnen kann (vgl. Gödde u. Stehle, 2016). Vier Zugangswege zum Unbewussten in der therapeutischen Beziehung ermöglichen dies:
- das Zusammenspiel von freien Einfällen und gleichschwebender Aufmerksamkeit,
- die Erkenntnisinstrumente von Übertragung und Gegenübertragung,
- das szenische Verstehen und
- die Fähigkeit, das intersubjektive Geschehen in der therapeutischen Beziehung wahrzunehmen, mitzuerleben und zu gestalten.

5.1 Zusammenspiel von freien Einfällen und gleichschwebender Aufmerksamkeit

Die von Freud eingeführte Methode der *freien Assoziation* basiert auf der Grundregel, dass der Patient »alles mitteilen soll, was er in seiner Selbstbeobachtung erhascht, unter Hintanhaltung aller logischen und affektiven Einwendungen, die ihn bewegen wollen, eine Auswahl zu treffen« (Freud, 1912, S. 381). Dieses Vorgehen dient dazu, an unbewusste Intentionen, Motivationen und Konflikte des

Patienten heranzukommen und ihm ein möglichst wenig kontrolliertes und zensuriertes Erzählen über sich selbst zu ermöglichen. Das Zusammenspiel von freien Einfällen und gleichschwebender Aufmerksamkeit kann als eine gemeinsame Schöpfung der beiden Beteiligten gesehen werden, die sich in einem intersubjektiven Prozess entfaltet. Christopher Bollas hat dieses Zusammenspiel als »Freud'sches Paar« bezeichnet, dessen Ziel darin besteht, »den Ausdruck des unbewussten Denkens zu erleichtern, damit das analytische Paar möglichst viel Informationen [*aus dem Unbewussten*, G. G.] über das erhält, was den Analysanden belastet« (Bollas, 2011, S. 185). Als Analytiker müsse man »dem eigenen Unbewussten die Freiheit lassen, die unbewusste Arbeit des Analysanden aufzufangen« (S. 207).

Das Pendant zu den freien Einfällen des Patienten ist eine Haltung *gleichschwebender Aufmerksamkeit* aufseiten des Therapeuten. Sie dient dazu, »alles ihm Mitgeteilte für die Zwecke der Deutung, der Erkennung des verborgenen Unbewußten zu verwerten, ohne die vom Kranken gegebene Auswahl durch eine eigene Zensur zu ersetzen« (Freud, 1912, S. 381). Demgegenüber sei die absichtliche und darum selektive Aufmerksamkeit seitens des Therapeuten problematisch: »folgt man bei der Auswahl seinen Erwartungen, so ist man in Gefahr, niemals etwas anderes zu finden, als was man bereits weiß; folgt man seinen Neigungen, so wird man sicherlich die mögliche Wahrnehmung fälschen.« Daher kümmere man sich beim Zuhören nicht, ob man sich etwas merke, oder anders ausgedrückt: Man überlasse sich seinem »unbewußten Gedächtnisse« (S. 377 f.).

Auch wenn die psychodynamischen Therapierichtungen übereinstimmend für eine Grundhaltung gleichschwebender Aufmerksamkeit eintreten, bedienen sie sich doch aufgrund ihrer jeweiligen theoretischen Ausrichtung unterschiedlicher Modi des Zuhörens. So kann man bei Freud angesichts seiner intensiven Kindheitserforschung von einem »archäologischen« Hören sprechen, während etwa bei Ferenczi ein Hören auf die Anzeichen einer Traumatisierung, bei Winnicott ein Hören auf Mängel in der Bemutterung und bei Kohut ein Hören auf Hinweise für elterliche Empathiemängel vorrangig ist

(vgl. Mertens, 2015, S. 54 ff.). Die Gegenüberstellung dieser vier Modi des (Zu-)Hörens lässt unterschiedliche Fokusse erkennen, je nachdem ob das Hören auf
- das beobachtbare Abwehrverhalten,
- das innere Erleben des Patienten,
- die intersubjektiven Vorgänge in der Therapeut-Patient-Beziehung oder
- das in einem besonderen, als kontemplativ oder meditativ bezeichneten Erfahrungsmodus gründende Selbst- und Fremderleben des Therapeuten oder der Therapeutin ausgerichtet ist.

Theodor Reik sprach vom »Hören mit dem dritten Ohr« (1948/1976), das gleichsam erfassen kann, was andere nicht sagen, sondern nur fühlen und denken.

Zur Verdeutlichung schildert Reik den Fall eines 35-jährigen Architekten, der gerade den Bau eines großen Gebäudes mit vielen Wohnungen zum Abschluss gebracht hatte, als ihn gravierende Zweifel an der Sicherheit des Gebäudes erfassten. Diese Zweifel ließen sich nicht abschütteln, sondern wurden immer stärker. »Schließlich führten sie so weit, daß sich in ihm die schreckliche Überzeugung festsetzte, das Grundwasser würde seinen Weg finden, die Fundamente des Gebäudes unterspülen und es eines Tages zum Einsturz bringen. Eine kaum vorstellbare Katastrophe würde das Leben Hunderter auslöschen« (1948/1976, S. 226). Eine Expertenkommission hatte die Befürchtungen des Patienten zwar nicht bestätigt; dies änderte aber nichts an ihrer Intensität. Einmal äußerte er sich über die Paradoxie, dass er für andere Häuser baue, aber selbst kein Haus besitze, sondern mit seiner Mutter in einer gemeinsamen Wohnung lebe. Ein anderes Mal erzählte er, dass er seit einigen Jahren ein Verhältnis zu einer verheirateten Frau habe, das aber kompliziert sei, weil er sie mit Rücksicht auf die Mutter nicht zu Hause empfangen könne. Reik zweifelte mehr und mehr daran, dass die Befürchtungen des Patienten realistisch seien. Stattdessen vermutete er einen projektiven Vorgang und fragte sich, ob eine Verbindung zwischen der Grundwassergefahr und der heimlichen Liebesbeziehung bestehen könne. Eines Tages berichtete der Patient, dass seine Mutter möglicherweise Gebärmutterkrebs habe und sterben müsse, was bei ihm hoch ambivalente Gefühle auslöste. Das würde bedeuten, dass seine Freundin immer zu ihm kommen könnte und die Heimlichtuerei endlich vorbei sei. Über den Wunsch nach dem Tod seiner Mutter war der Patient allerdings sehr erschrocken und gerade darin, so Reiks Vermutung, habe der wirkliche Grund seiner Ängste gelegen: »Es ist nicht überraschend, daß in der neuen Anordnung des Materials die unterirdische Macht des Wassers für die verborgene Kraft der destruktiven Krankheit steht« (S. 231 f.).

Aus diesem Fall leitete Reik die Unterscheidung ab zwischen einfachen psychologischen Fakten und »Schlüsselgedanken«, die einen Zugang zum Unbewussten eröffnen: Fakten liegen offen zutage; Schlüsselgedanken müssen erst gefunden werden. Fakten appellieren an unsere Vernunft; Schlüsselgedanken stimulieren unsere Phantasie. Fakten sind festes Wissen; Schlüsselgedanken beziehen sich auf Intuitionen. Fakten geben uns intellektuelle Sicherheit; Schlüsselgedanken rufen Unsicherheit im kognitiven Bereich hervor (1948/1976, S. 232).

5.2 Übertragung und Gegenübertragung als Erkenntnisinstrumente

Im Hinblick auf die *Übertragung* hat sich in den letzten Jahrzehnten ein Wandel vollzogen. Merton M. Gill (1982, dt. 1996) räumte dem Konzept der Übertragung im Hier und Jetzt einen deutlichen Vorrang vor der genetischen Deutung und Konstruktion ein. Zudem wandte er sich gegen die bis dahin vorherrschende Annahme, dass die Übertragung notwendig zu einer Realitätsverzerrung führe und im Wesentlichen pathologisch sei.

Die Entwicklung der Objektbeziehungstheorien ging Hand in Hand mit einer Neubewertung der *Gegenübertragung*. Hat Freud die in der Gegenübertragung zutage tretende Subjektivität des Analytikers als Störfaktor betrachtet, so war es Paula Heimann, die 1950 ihren positiven Wert als »Erkenntnisinstrument« für die unbewussten Prozesse des Patienten erfasste. Da die interaktionelle Verbindung von Übertragung und Gegenübertragung immer klarer erkennbar wurde, erlangte der »entwicklungsfördernde Umgang mit der therapeutischen Beziehung« wachsende Zustimmung und Wertschätzung.

Bezieht sich die Fähigkeit zur gleichschwebenden Aufmerksamkeit in erster Linie auf bewusste und unbewusste Wahrnehmungsprozesse, so die Fähigkeit, mit der Gegenübertragung zu arbeiten, auf die Emotionen der beiden Beteiligten und damit den unbewussten Gehalt ihrer Beziehung zu erschließen. Dazu ein Fallbeispiel von Herbert Will:

In einer Therapie gibt es eine Phase des Stillstands. Die Therapeutin entwickelt die Phantasie, ihre Patientin würde ihr eines Tages aus der Therapie weglaufen. Sie ist irritiert durch das heftige Gegenübertragungsgefühl, sie halten und sich nicht von ihr trennen zu wollen, bevor sie sich »nicht wirklich begegnet« sind. Die Patientin erzählt von der Unzufriedenheit ihres Mannes mit der langen Dauer der Therapie und seinem Verdacht, die Therapeutin würde sie in einer künstlich erzeugten Abhängigkeit halten. Die Therapeutin kann der Patientin zeigen, dass dies ihre eigene Angst ist, die sie ausspricht, indem sie ihren Mann vorschiebt. Hinter dieser Angst taucht nun der viel weiterreichende Wunsch der Patientin auf, eine Mutter zu finden, die sie nie verlieren müsste – der Drang festzuhalten wird nun als einer spürbar, der in der Patientin lokalisiert ist, nicht mehr in der Therapeutin. So können beide schließlich verstehen, dass die Patientin den Schmerz der Trennung gefürchtet und deshalb vermieden hat, sich auf eine wirkliche Begegnung mit der Therapeutin einzulassen (Will, 2010, S. 33 f.).

Nach Wills Auffassung eröffnet die gleichschwebende Aufmerksamkeit für das Unbewusste einen »Sprach-, Hör- und Phantasieraum«, während sich die Gegenübertragung in einem »Emotionsraum« abspielt. Ein dritter Zugang zum Unbewussten führe über das interaktive und intersubjektive Geschehen in der therapeutischen Beziehung und eröffne dadurch einen »Handlungs- und Erlebensraum« (Will, 2010, S. 35 u. 93).

5.3 Szenisches Verstehen

Das »szenische Verstehen« ist von Hermann Argelander und Alfred Lorenzer in den 1970er Jahren erstmals konzipiert und inzwischen weiter ausdifferenziert worden (vgl. Storck, 2018). Argelander hat seine Aufmerksamkeit den spezifischen Wahrnehmungs- und Denkprozessen gewidmet, die der Analytiker, die Analytikerin braucht, um das fremde Unbewusste des Patienten erkennen zu können. Er ging davon aus, dass die unbewusste Bedeutung einer interaktionellen Szene zwischen Patient und Therapeut nicht allein in der Sprache, sondern in der Situation als ganzer sichtbar werde und Rückschlüsse auf eine unbewusste Phantasie zulasse. Anita Eckstaedt, die langjährig bei Argelander in der Ambulanzabteilung des Sigmund-Freud-Instituts arbeitete und dort die Umstellung von einer Krankengeschichte und psychiatrischen Exploration auf ein psychoanalytisches Erstgespräch miterlebte, berichtet von Szenen eines solchen Erstgesprächs (1991, S. 9 f.):

Bereits bei ihrer telefonischen Anfrage ließ die Patientin deutlich ihre Enttäuschung über negative Erfahrungen mit mehreren männlichen Therapeuten anklingen. Die Therapeutin erlebte sie »traurig und zugleich gereizt und provokant« und reagierte darauf entgegenkommend, indem sie »ihr rasch einen Termin einräumte«, und zugleich mit einer »Spur Ärger«, da sie sich allzu schnell in ein konflikthaftes Geschehen verwickelt fühlte. Bei der ersten Begegnung sah sie sich dann damit konfrontiert, dass die Patientin plötzlich »lauthals Ärger, Vorwurf, Anklage« über sie und ihre Art am Telefon ausschüttete.

»Es wäre sinnlos gewesen, mich in diesen Strudel ziehen zu lassen. Ich musste mich umorientieren, mir klarmachen, dass das, was sich abspielte, ein Leid, eine Kränkung, etwas schwer Erträgliches aus anderer Zeit, von anderer Herkunft ausdrücken musste. Auch was sich akut mit meinen Kollegen ereignet hatte, konnte nicht der Grund dessen sein, was sie herbeigeführt hatte, was leidvoll sein mußte und sie so aufbrachte. Während ich mich innerlich zurücknahm, fiel mein Blick auf ein Täschchen mit einem langen Tragriemen, das sie auf den Tisch zwischen uns gelegt hatte, was ich als ungewöhnlich empfand. Es war ganz eindeutig ein geliebtes Täschchen mit den Spuren des Gebrauchs, so dass mir fast schon das Wort ›mitgenommen‹ dafür in den Sinn kam. Doch es war für sie wesentlich genug, um zwischen uns zu liegen« (S. 54 f.).

Obwohl die Patientin noch verhältnismäßig jung war, war sie gerade leitende Oberärztin an einer internistischen Klinik geworden. Auf die Frage nach der Mutter und deren Ausbildung antwortete sie, sie sei eine »einfache Frau – Hausfrau, Ehefrau und Mutter« zweier Töchter, von denen die Patientin die ältere war. Diese auffällige Diskrepanz rückte die Mutter-Tochter-Beziehung in den Fokus. Religiosität und moralische Strenge seien es, so die Patientin, die beide aneinanderbänden. Sie wisse zwar, dass diese Bindung überfrachtet sei, könne sie aber nicht lösen. Immer wenn sie eine wichtige Station in ihrem Leben erreicht habe, habe die Mutter mit einer Krankheit reagiert, beim Abitur zum Beispiel habe sie einen Unfall erlitten und sich dabei einen Wirbelbruch zugezogen. »In kaum mehr als einem Jahrzehnt habe sich die Häufigkeit von Erkrankungen dann bis zu einer vorzeitigen Hilfsbedürftigkeit gesteigert« (S. 56).

Die mangelnde Loslösung von der Mutter hatte auch mit den Partnerschaften der Patientin zu tun. Ihre derzeitige Partnerschaft charakterisierte sie als »Beziehung auf Distanz«, in der beide der »Hingabe an die Arbeit« Priorität einräumten. Doch leide sie darunter, dass ihr Partner »für ein Familienleben keinen Sinn« habe, während sie sich sehr danach sehne, doch eines Tages eine »normale Familie und also auch Kinder« zu haben. Als sie dann von ihrem Jugendfreund erzählte, mit dem sie eine sehr enge Beziehung eingegangen war, begann sie zu weinen. »Diese langjährige Beziehung sei abrupt aufgelöst worden. Erneut begann die Patientin zu weinen, sie habe so große Schuld, sagte sie« (S. 57). Als sie mit 18 Jahren schwanger geworden sei, habe sie keinen Weg für das Kind gesehen und sich rasch zur Abtreibung entschlossen. Sie habe nicht geahnt, dass ihr Freund ihr später vorhalten würde, sie habe ihn um sein Kind gebracht. Auch heute fühle sie sich immer noch schuldig, dass diese Partnerschaft gescheitert sei, aber auch das Schuldgefühl, ihr Kind abgetrieben zu haben, habe sie seither nicht mehr losgelassen. Aus diesen Äußerungen der Patientin wurde schlagartig klar, dass ihre Entscheidung für eine berufliche Karriere den traditionellen Familienwerten der Mutter diametral entgegenstand. Sie konnte nun erkennen, wie sie die Stimme der Mutter übernommen hatte, und litt »an dem gescheiterten Lösungsversuch von der Mutter, der sie nach dem Trauma der Schwangerschaftsunterbrechung durch zusätzliche Schuldgefühle paradoxerweise noch mehr der Mutter und ihrem Wertsystem verpflichtete« (S. 64).

Das anklagende Verhalten zu Beginn des Erstgesprächs und gegenüber den früheren Therapeuten ließ sich nun dahingehend verstehen, dass die konflikthafte Verflechtung mit der Mutter zu gravierend war, um sie mit therapeutischer Hilfe aufdeckend zu bearbeiten. Erst im Gespräch mit der jetzigen Therapeutin ließ sich ein Durchbruch erzielen, der in eine therapeutische Zusammenarbeit einmündete.

Was hatte es schließlich mit dem Täschchen auf sich, das die Patientin »unbewusst« zwischen sich und der Therapeutin platziert hatte? Am Ende des Gesprächs verstand die Therapeutin es als »herausragendes symbolisches Bild [für] die schwere Aufgabe, zwei in so unterschiedliche Richtungen gehende, dennoch sehr weibliche Identifikationen zu verwirklichen: Ärztin und Mutter« (S. 60).

Bemerkenswert ist, dass die Begriffe In-Szene-Setzen und Inszenieren aus der Theaterwelt stammen und dem interdisziplinären Konzept der »*Performanz*« nahestehen. Das galt schon für Lorenzer, als er formulierte: »Der Analytiker steht nicht in beschaulicher Distanz zum Patienten, um sich – wie aus einer Theaterloge – dessen Drama anzusehen. Er muß sich aufs Spiel mit dem Patienten einlassen, und das heißt, er muß selbst die Bühne betreten. Er nimmt real am Spiel teil« (1983/2006, S. 34).

5.4 Intersubjektive Gestaltung der therapeutischen Beziehung

»Wir müssen uns klarmachen«, betont der relationale Analytiker Stephen Mitchell (1997, dt. 2005, S. 191), »dass die Interaktion im analytischen Prozess zutiefst persönlich ist und dass es viele authentische Arten analytischer Teilnahme gibt«. Sein eigenes Vorgehen verdeutlicht er an einem Fallbeispiel:

Der Patient Andrew fühlte sich hin- und hergerissen zwischen seinem Beruf und seinen künstlerischen Neigungen. Als junger Mann hatte er sich leidenschaftlich dem Komponieren gewidmet. Mit Mitte zwanzig brach er sein Musikstudium aber aufgrund von Selbstzweifeln und existenziellen Ängsten ab. Stattdessen absolvierte er ein Wirtschaftsstudium, das ihm eine anspruchsvolle Position im mittleren Management und ein gesichertes Einkommen ermöglichte. Doch eines Tages machte ihm die Sorge zu schaffen, dass in seinem Leben etwas Grundlegendes fehle. Er sehnte sich danach, an etwas teilzuhaben, das über seine eigenen Anliegen und Interessen hinaus Wert und Bedeutung hätte. Er fühlte sich nicht mit sich selbst verbunden, wie er es beim Komponieren erlebt hatte. Andererseits scheute er vor jeglicher Änderung seiner beruflichen Position zurück, um nur ja nicht das erlangte psychische Gleichgewicht zu gefährden. Auch Mitchell als Therapeut war hin- und hergerissen. Zeitweise war er davon überzeugt, dass der Patient wieder mit dem Komponieren beginnen oder jedenfalls eine ihn auf ähnliche Weise erfüllende Tätigkeit finden müsste. Dann identifizierte er sich aber auch immer wieder mit der anderen Seite und dachte, Andrew müsse sich mit den zeitlichen Einschränkungen seines Lebens abfinden. Angesichts dieser Ambivalenz konfrontierte er sich mit der Frage, inwieweit das Ringen mit den Sinnfragen von Patienten mit den eigenen Lebenserfahrungen der Therapeuten zu tun habe.

Als Andrew einmal in romantischer Manier das künstlerische Schaffen als den »goldenen Ring« des Lebens bezeichnete, erinnerte sich Mitchell an einen »sehr wichtigen Augenblick« während seines Studiums. Zur Zeit des Vietnamkriegs hatte er einer Gruppierung angehört, die sich mit der Frage beschäftigte, ob man aus Gewissensgründen den Kriegsdienst verweigern solle. Zwei Professoren wurden gebeten, dazu Stellung zu nehmen. Der eine, ein international bekannter Kleriker und politischer Aktivist, »hielt Erlebnisse wie das, mitten in der Nacht von der Stimme des eigenen Gewissens geweckt zu werden, für die entscheidenden Augenblicke im Leben. Ignoriere man diese Stimme, werde man möglicherweise im ganzen Leben das Gefühl nicht mehr los, man habe die moralische Integrität verloren«. Einen dazu konträren Standpunkt vertrat ein Philosoph: Wenn er mitten in der Nacht von der Stimme seines Gewissens geweckt würde, würde er sich umdrehen und in aller Ruhe weiterschlafen und das Problem am nächsten Morgen aus verschiedenen Perspektiven betrachten. Da wir »aus mehr als nur einer Stimme« bestünden, müsste »die Stimme, die sich mitten in der Nacht bemerkbar machte, nicht unbedingt diejenige sein, der zu folgen ratsam war« (S. 208 f.).

Mitchell hatte sich damals von der *pluralistischen Auffassung* des Philosophen angesprochen gefühlt und die Fixierung an »eine« Wahrheit und eine »richtige« Entscheidung zugunsten eines relativierenden Perspektivismus aufgegeben. Von diesem impliziten Konzept geleitet, antwortete er auf Andrews romantisch geprägte Annahme, das künstlerische Schaffen sei der goldene Ring des Lebens: »*Vielleicht gibt es ja mehr als nur einen goldenen Ring*« (S. 209). Dieser eigentlich schlichte Satz, der von Mitchells eigenen Lebenserfahrungen tief durchdrungen war, fiel bei Andrew auf fruchtbaren Boden. »Vielleicht könne er auf das Komponistenleben verzichten, ohne von einem Gefühl des Verlustes und der Verzweiflung erdrückt zu werden« (S. 211). Nachts hatte er einen Traum, in dem der Therapeut mit fünf oder sechs Münzen aus Messing einen Trick ausführte. Dadurch wurde ihm klar, dass er auch mit mehreren Münzen anstelle des eines Goldrings leben könne, dass das Messing eine Entlastung von hochgestochenen kreativen Idealen bedeuten könnte und allgemein dass »man im Leben auf viele verschiedene Weisen einen Sinn finden könne, statt nur in einer einzigen, alles andere ausschließenden bzw. verschlingenden kreativen Fokussierung« (S. 210).

Auch Mitchell war es gelungen, einen Ausweg aus dem »qualvollen Zustand« des Nicht-wissen- und Nicht-handeln-Könnens zu finden: »In diesem Moment war in meinem Leben aus meiner eigenen inneren Welt ein quasi-väterliches Objekt aufgetaucht, jemand, der mir geholfen hatte, meinen eigenen Weg zu finden« (S. 212).

Das Erkennen und Erleben unbewusster psychischer Prozesse hängen eng zusammen und bedingen sich wechselseitig. Wie die angesprochenen Beispiele zeigen, können psychische Probleme oder Erkrankungen, die durch gestörte oder missglückte Beziehungen entstanden sind, nur durch neue Beziehungserfahrungen geheilt werden.

6 Verstehen und Interpretieren unbewusster Prozesse

Im den Psychotherapie-Richtlinien werden die psychodynamischen Verfahren dahingehend charakterisiert, dass sie »die unbewusste Psychodynamik neurotischer Störungen mit psychischer oder somatischer Symptomatik zum Gegenstand der Behandlung machen« (§ 14 I 1; vgl. Faber/Haarstrick, 2017). In diesem Kontext lassen sich das Konfliktmodell, das Strukturmodell, das Traumamodell und das Modell der »reaktiven Pathologie« heranziehen. Mithilfe dieser psychodynamischen Basiskonzepte formuliert der Therapeut seine Sicht der unbewussten – pathogenen – Prozesse im Patienten und macht dies zur Grundlage der Therapie.

Im Folgenden werden vier Aspekte aus diesem Themenspektrum behandelt:
- die Offenlegung krank machender Geheimnisse,
- die aufdeckende Bearbeitung unbewusster Konflikte,
- die Orientierung am unbewussten Modus der Konfliktverarbeitung sowie
- strukturelle Dimensionen im Behandlungsfokus.

6.1 Offenlegung krank machender Geheimnisse

Ein Spezialfall unbewusster Konflikte sind Geheimnisse. Sie können von Verschlossenheit und Misstrauen, ja von Unwahrhaftigkeit zeugen, mit Verdrängung und Abwehr einhergehen und krank machende Wirkungen entfalten. Sie können aber auch durchaus sinnvoll, moralisch einwandfrei und heilsam sein, da sie dem Schutz der Intimsphäre und der eigenen Autonomiebestrebungen dienen. Der Sinn und die Berechtigung von Geheimnissen bewegen sich zwischen den Polen von Offenheit und Selbstbewahrung, Vertrauen und Rückzug, Selbst- und Fremdbestimmung, Privatheit und Öffentlichkeit, Wahrheit und Lüge.

Freuds Annahme, dass gleichsam hinter dem Rücken des Menschen unbewusste Wünsche, Motive und Absichten am Werk sind, gilt auch für die unbewusste Tendenz, ein Geheimnis nicht für sich behalten zu können: »Wer Augen hat zu sehen und Ohren zu hören, überzeugt sich, daß die Sterblichen kein Geheimnis verbergen können. Wessen Lippen schweigen, der schwätzt mit den Fingerspitzen; aus allen Poren dringt ihm der Verrat. Und darum ist die Aufgabe, das verborgenste Seelische bewußt zu machen, sehr wohl lösbar« (1905, S. 240).

Zu den geheim gehaltenen Inhalten gehören scham- und schuldhaft besetzte Themen wie beispielsweise Handlungen, die dem eigenen Ich-Ideal nicht genügen oder als Wertverstöße betrachtet werden, Familiengeheimnisse oder Krankheiten.

Im Fokus der Betrachtung stehen zumeist Geheimnisse, die man *vor anderen* hat, die man nicht preisgeben kann oder will. In solchen Fällen ist es einem mehr oder weniger bewusst, dass man sich nicht in die Karten schauen lassen will, dass der Andere etwas Bestimmtes nicht wissen soll. Das gilt beispielsweise für einen Jugendlichen, der seine Intimsphäre vor dem Zugriff anderer, insbesondere der Eltern, zu schützen sucht. Seine Geheimnisse, die mit Enttäuschungen im Liebesbereich, eigener Unsicherheit und Verletzlichkeit, aber auch mit Kritik, Aggressionen und Empörung gegenüber Autoritäten zu tun haben können, offenbart er nur wenigen Vertrauenspersonen, am ehesten dem Liebespartner, dem besten Freund oder einem Mentor. Schon hier zeigt sich, dass man grundsätzlich Geheimnisse haben darf und wie problematisch es sein kann, Menschen unter Druck zu setzen, um ihnen ihre Geheimnisse zu entlocken oder gar zu entreißen. Dazu ein Fallbeispiel:

Ein 25-jähriger Student beließ es in der Anfangsphase der Therapie bei vagen Andeutungen im Hinblick auf seine Geschlechtspartnerorientierung. Er habe einige wenige Erfahrungen mit beiden Geschlechtern gehabt, aber darüber nur mit wenigen und meist nur in zarten Andeutungen kommuniziert, auch nicht mit den Eltern, die sich aber wohl schon des Öfteren gefragt hätten, warum er noch nie von einer Partnerschaft gesprochen habe. Dann konturierte sich allmählich ein Thema heraus, das ihn mehr und mehr beschäftigte. Wenn er in einer Disco oder auf einem Musikfestival war, spürte er jedes Mal eine Sehnsucht nach einer stärkeren Bindung an einen Mann. Erste Versuche in dieser Richtung blieben zunächst erfolglos. Der Patient verstand, dass er bei seinen neuen Initiativen nicht gleich ans Ziel kommen könne, sondern erst einmal Erfahrungen sammeln müsse, um ein Bild vom Anderen und dessen Bedürfnissen zu gewinnen. Zudem müsse er Enttäuschungen ertragen lernen. Vor einigen Monaten startete er einen weiteren Beziehungsversuch und verliebte sich erneut. Diesmal wurden seine Liebesgefühle vom Anderen erwidert, und die Beziehung scheint eine längerfristige Perspektive zu haben. Bei einem Besuch der Eltern nahm er sich fest vor, sie über seine homoerotische Orientierung und seine jetzige Partnerschaft aufzuklären, scheute dann aber doch vor diesem Schritt zurück, weil er Angst hatte, dass vor allem die Mutter damit Schwierigkeiten hätte. Auch langjährigen Freunden, mit denen er viel telefoniert (mit einem Freund sogar täglich!), hat er noch nichts von seiner Homosexualität geschweige denn seinen Problemen bei seinen Partnerschaftsversuchen erzählt. Kürzlich erkundigte sich eine Freundin nach seiner »Intimsphäre«, was überraschend, aber auch wohltuend gewesen sei. Er möchte seine in der Therapie gewonnene Offenheit allmählich auch in andere Beziehungen hineintragen, aber der Befreiungsimpuls bedarf noch der Kräftigung.

Bei diesem Patienten kann man von einem Pakt des Schweigens ausgehen, wenn selbst die Eltern und die nächsten Freunde von seinen Identitätsproblemen nichts wissen wollen, sie tabuisieren und verleugnen. Will der Therapeut ein solches Tabu aufheben und durchbrechen, muss er den Mut haben, auf taktvolle Weise taktlos zu sein.

Es gibt auch Geheimnisse, die man *vor sich selbst* hat. Man geht mit ihnen so um, als wolle man sie nicht wahrhaben. Man lässt sie nicht näher an sich heran oder sucht sie sich aus dem Kopf zu schlagen. Solche Geheimhaltungsversuche können mit unbewussten Konflikten zu tun haben, auf die der Betroffene mit Verdrängung und anderen Abwehrmechanismen reagiert, und dienen dem Einzelnen dazu, sein psychisches Gleichgewicht auszubalancieren.

6.2 Aufdeckende Bearbeitung unbewusster Konflikte

Im Rahmen des Konfliktmodells wird die Aufmerksamkeit auf die inneren Vorgänge des Patienten gerichtet: auf die Subjektivität der Wahrnehmungen, des Erlebens und der Erlebnisverarbeitung. Den Ausgangspunkt der Behandlung bildet der auslösende und nach wie vor virulente »Aktualkonflikt«. Dabei geht es um die Frage, wann und wodurch eine lebensgeschichtliche Disposition in aktuellen Lebensereignissen »eine Zuspitzung erfahren hat, die das innere Gleichgewicht des Patienten so sehr belastete, dass es zur Symptombildung gekommen ist. Es muß also eine Lebenssituation nachweisbar sein, die einen neurotisch disponierten Menschen an seinem wunden Punkt berührt und dadurch seinen Kernkonflikt aktualisiert« (Rudolf, 2001, S. 17). Diesen Aktualkonflikt gilt es zunächst transparent zu machen, um dann im Weiteren den aus basalen Beziehungserfahrungen erwachsenen und schwerer erkennbaren »Grundkonflikt« der Kindheit zu erforschen.

In der Operationalisierten Psychodynamischen Diagnostik (OPD) werden sieben unbewusste Konflikte unterschieden: der Individuations-Abhängigkeits-, der Unterwerfungs-Kontrolle-, der Autarkie-Versorgungs-, der Selbstwert-, der Schuld-, der ödipale und der Identitätskonflikt (Arbeitskreis OPD, 2006). In psychodynamischer Hinsicht kann man sich an einem Leitfaden zur Psychodynamik von Konfliktstörungen orientieren, der vom Symptom über den aktuell wirksamen unbewussten Konflikt, aktuelle Auslöser, die Kompensation, die Neurosenstruktur und den Grundkonflikt zur frühen Biografie führt (Jungclaussen, 2013, S. 107 ff.). Einen analogen Leitfaden kann man für die Strukturstörungen zugrunde legen (S. 154 ff.). Die Heranziehung der diagnostischen Kriterien von Konflikt und Struktur hat auch Bedeutung für die Wahl des Behandlungsfokus. So orientieren wir uns bei Annahme einer »Konfliktstörung« eher an einem Konfliktfokus, bei einer »Strukturstörung« eher an einem Strukturfokus. Hier ein Fallbeispiel für eine an einem Konfliktfokus orientierte Behandlung:

Der Student Albert war zu Beginn der Therapie 25 Jahre alt. Er nahm die Therapie einige Monate nach einer Reise nach Spanien auf, die er mit der Hoffnung auf neu entstehende freundschaftliche und intime Beziehungen angetreten hatte. Während des Urlaubs habe er dann aber die Erfahrung machen müssen, dass er mit seinen männlichen Kommilitonen nicht wirklich in Kontakt gekommen sei, und Frauen, für die er sich interessiert habe, habe er aufgrund seiner Schüchternheit nicht ansprechen können. Nach seiner Rückkehr habe er über Wochen hinweg an nichts Freude gehabt und unter starken Selbstzweifeln gelitten. Diese Erfahrung habe »alte Wunden aufgerissen«. Am meisten deprimierte ihn seine wieder einmal bestätigte »Unfähigkeit«, tiefere Beziehungen einzugehen. Nach sozialen »Misserfolgen« tendiere er dazu, sich auf seine Wohnung zurückzuziehen und »abzutauchen«. Er schlafe dann lange, stehe oft erst mittags auf und komme schwer in Gang.

Der Patient ist Einzelkind und nach der frühen Trennung der Eltern bei der Mutter aufgewachsen. Er erinnert sich deutlich an die heftigen Auseinandersetzungen mit ihr, wenn sie ihn zur Kontaktaufnahme mit Gleichaltrigen, etwa zum Spielen auf dem Hof, aktivieren wollte. Zumeist weigerte er sich, ihren hartnäckigen Appellen und Drängeleien Folge zu leisten, und verteidigte sich damit, dass er lieber *allein* spiele und zu Hause seinen Hobbys nachgehe. Tatsächlich habe er sich beim Zusammensein mit Gleichaltrigen oft »unwohl« gefühlt. Mit ihren ständigen Aufforderungen, *sozialer* zu sein, scheint die Mutter ihn erst recht verunsichert zu haben. Ihre sorgenvollen bis pessimistischen Einschätzungen dürften sein Selbstbild nachhaltig geprägt und stimmungsmäßig eingefärbt haben. Schon als Kind hat er soziale Situationen überwiegend als Bewährungsproben für sein Selbstwertgefühl erlebt. Eine wirksame Entlastung von seinen sozialen Ängsten und narzisstischen Kränkungen fand er in einer sozialen Rückzugs- und Vermeidungsstrategie. Andererseits war Albert auf dem Gymnasium durchgängig ein guter Schüler und auch als Student hatte er im Lern- und Leistungsbereich keine Schwierigkeiten. Er kann sich gut mit sich allein beschäftigen. Hier sind ausgeprägte kognitive Kompetenzen erkennbar – eine wichtige Ressource für seine spätere berufliche Entwicklung.

In den ersten Therapiesitzungen erzählt Albert wiederholt von Treffen mit anderen, die er bedrohlich erlebt hat. Dabei spielt wohl die Projektion der eigenen Selbstunsicherheit auf die anderen eine nicht unerhebliche Rolle. Des Öfteren äußert er seine Enttäuschung darüber, dass seine Bekannten nur selten aus eigener Initiative auf ihn zugehen und ihm eher reserviert oder distanziert begegnen. Vielleicht habe er zu offen über seine Probleme gesprochen, vielleicht sei er zu sehr auf sich bezogen. Bei aller anfänglichen Abwehr rückt so allmählich die Frage nach dem eigenen Anteil ins Blickfeld: Bemüht er sich ausreichend um die anderen, geht er adäquat auf die Wünsche und Bedürfnisse anderer ein?

Was mir schon früh in der Therapie auffällt, ist seine Unpünktlichkeit. Bei Verabredungen lässt er andere oft eine Stunde und mehr warten und tut dann erstaunt, wenn der Wartende sich beschwert oder verärgert weggegangen ist. Zwischen Alberts sozialen Wünschen und seinem pointiert »unsozialen« Verhalten besteht ein Widerspruch, ja, wie mir scheint, ein versteckter Selbstboykott. Auch in der therapeutischen Beziehung scheut er vor Distanzmanövern nicht zurück. Er sagt Termine kurzfristig ab oder hat eine Reihe von Ausreden zur Hand, um mehrfache Verspätungen der Therapiesitzungen zu erklären. Solche distanzierend-provokativen Verhaltensmuster lassen sich offenbar darauf zurückführen, dass er sich verletzlich fühlt und unterschwellig Angst vor kritischen Äußerungen des Therapeuten hat.

In der Therapie haben wir herausgearbeitet, dass er durch seine ausgeprägte Rückzugsstrategie Irritationen und Unverständnis bei seiner Umgebung auslöst. Sein aktiv-distanzierendes Vermeidungsmuster diene dem Selbstschutz, bringe soziale Misserfolgserlebnisse mit sich und führe zu schmerzlich erlebtem Isoliertsein. Wenn man sich fragt, welche unbewussten Konflikte in dieser Therapie bearbeitet wurden, so kann man in erster Linie einen gravierenden *Selbstwertkonflikt* annehmen. Ein zweiter von Kindheit an bestehender Konflikt bezieht sich auf (emotionale) *Versorgung versus Autarkie*. Bei diesem Konflikt geht es darum, etwas zu bekommen oder zu verlieren, einer Zuwendung sicher zu sein oder etwas zu geben. Dies führt zu starker Abhängigkeit, wobei diese sich grundlegend von der stärkeren Seins-Abhängigkeit des Autonomie-Abhängigkeits-Konflikts unterscheidet. Der zugehörige Leitaffekt ist Trauer und Depression, weil die Bedeutung des versagenden Objekts ständig wahrgenommen wird.

Am Ende der dreijährigen Therapiezeit kann man deutlich erkennen, dass Albert seine Freundschaften besser »pflegt« und auch ermutigende Erfahrungen im Liebesbereich gemacht hat. Er fühlt sich in Gesprächen sicherer und lebendiger und kann im Kontakt mit anderen freier und ausgelassener sein. Für ihn war es wichtig, zu erkennen, dass seine Ängste im sozialen Bereich damit zu tun hatten, dass er sein Heil in einer *Abwendung* von den Menschen suchte und wenig resonant auf sie eingehen konnte.

6.3 Orientierung am unbewussten Modus der Konfliktverarbeitung

Stavros Mentzos (2009) hat dem unbewussten *Modus der Konfliktverarbeitung* einen hohen Stellenwert neben dem unbewussten Konflikt und dem Strukturniveau eingeräumt. Im jeweiligen Modus komme sowohl die intrapsychische Abwehrkonstellation als auch die charakteristische Art der Beziehung des Einzelnen zu sich und zu anderen zum Ausdruck. Es gebe empirische Anhaltspunkte für eine Zusammengehörigkeit zwischen Konfliktverarbeitungsmodus und Strukturniveau. Konfliktbewältigungsmodi münden jeweils in eine übergeordnete »Strategie« ein, die zur Regulierung des inneren Gleichgewichts und der sozialen Beziehungen dient, und finden ihren Niederschlag in einer *Neurosendisposition* (vgl. Jungclaussen, 2013, S. 117 ff.). Um den unbewussten Konfliktverarbeitungsmodus eines Menschen zu erfassen, kann man sich am Konzept der *Bipolarität* zwischen selbst- und objektbezogenen Strebungen orientieren. Der Therapeut muss sich bei jedem Patienten fragen: »Auf welche Weise hat eigentlich dieser konkrete Mensch versucht, unter den gegebenen ungünstigen Bedingungen (Trauma, Mängel, Kränkungen oder auch ungünstige körperliche Voraussetzungen) die große Aufgabe der dialektischen Integrierung und der Balancierung der selbst- und objektbezogenen Tendenzen und Bedürfnisse – sei es auch kompromisshaft – zu lösen?« (Mentzos, 2009, S. 266).

Bruno war ebenfalls Student und 25 Jahre alt. Seine Depression brachte er aktuell mit dem Scheitern bei der Abfassung schriftlicher Hausarbeiten in Verbindung. Er habe seit zwei Jahren keinen Pflichtschein mehr geschafft und erfülle damit noch nicht einmal die Voraussetzungen, um zur Zwischenprüfung zugelassen zu werden. Die Arbeitsstörungen sähen so aus, dass er nach Erhalt der Aufgabenstellung Tage und Wochen lang müde und antriebslos sei, sich mit zwanghaftem Lesen oder Fernsehen ablenke oder Aktivitäten in der Studentenpolitik oder in Wohngemeinschaftsprojekten nachgehe. Er sei in letzter Zeit zu viel »unter Leuten« gewesen, sodass er die Konzentration auf das Studium ganz aus den Augen verloren habe. Bei der letzten Proseminararbeit habe er erst an den beiden letzten Tagen unter äußerstem Zeitdruck etwas zu Papier gebracht, die Arbeit wurde aber mit »nicht ausreichend« bewertet. Wenn er seine Arbeiten nicht bald in den Griff bekomme, müsse er sein Studium abbrechen, und er male sich schon in düsteren Farben aus, wie er dann vor seinen Eltern und Freunden als Versager dastehe.

Bruno erinnert sich ebenfalls an Unstimmigkeiten mit seiner Mutter, die ihn aufgrund ihres eigenen unbefriedigten Kontakt- und Anerkennungsbedürfnisses ständig für sich in Anspruch nehmen wollte, ohne seine Eigenimpulse gelten zu lassen. Sie habe sich aber letztlich nicht gegen ihn durchsetzen können. Umso ohnmächtiger fühlte er sich gegenüber dem Vater, der sich aus eigener Kraft im Betrieb hochgearbeitet hatte. Während der gesamten Gymnasialzeit habe er den Anschein zu erwecken versucht, dass er in seinem Zimmer an seinen Hausarbeiten sitze. Tatsächlich habe er sich aber, wenn er allein war, zwanghaft abgelenkt, heimlich gelesen, geträumt usw. Wenn dann der Vater nach Hause kam und sah, dass die Hausarbeiten wieder einmal unerledigt waren, habe er dem Sohn schwere Vorwürfe gemacht. Was solle aus ihm werden, wenn er nicht »zupacken« könne! Am Ende sei der Vater aber meistens für ihn »eingesprungen«, um zumindest die Fassade nach außen zu wahren.

Eine Fluchtmöglichkeit und positive Gegenwelt zum Elternhaus und Gymnasium fand Bruno in einer Jugendgruppe des CVJM. Er engagierte sich dort als Jugendgruppenführer und bekam positives Feedback sowohl von den befreundeten Gruppenführern als auch von seiner eigenen Gruppe. Auch jetzt ist er in seiner Wohngemeinschaft beliebt und tritt dort und auch in studentischen Gremien als Diskussionsleiter hervor. Von seiner Rhetorik und Ausdrucksfähigkeit her lässt er soziale Kompetenzen erkennen und wirkt gewandt und selbstbewusst.

Während Albert sein Heil in einer Abwendung von den Gleichaltrigen und einem Rückzug auf sich selbst suchte, war es bei Bruno gerade umgekehrt: Er setzte auf aktive *Hinwendung*, kam aber mit dem Alleinsein und der Selbststeuerung schwer zurecht. Ist er allein mit Leistungsanforderungen konfrontiert, dann verlassen ihn seine Kräfte und sein Mut. Leistet ihm beim sonntäglichen Frühstück in der WG niemand Gesellschaft, kann er oft erst nachmittags aufstehen. Sobald er aber mit anderen zusammen ist, kommt er leicht »in Fahrt«. Kann er mit einem Freund in die Bibliothek gehen und sich mit ihm in den Pausen in der Cafeteria unterhalten, hat er meist wenig Mühe, sich zu konzentrieren. Dies zeigt, dass er in hohem Grade auf die *Präsenz* anderer angewiesen ist. Man kann bei ihm ein *»aktiv-dependentes«* Interaktionsmuster erkennen, das durch lebhaftes Verhalten, die Neigung zu einer charmanten bis dramatisierenden Gefühlsbetonung und gute interpersonelle Anpassung imponiert.

Die therapeutischen Gespräche bezogen sich auf seine Schwellenängste, die Tendenz, nicht zu den eigenen schriftlichen Formulierungen stehen zu können, sein Angewiesensein auf die Präsenz anderer sowie Schamgefühle, sich mit seinen inneren Problemen anderen zu offenbaren. Erste Erfolgserlebnisse waren dann zwei Referate, zwei mündliche Prüfungen und schließlich der erfolgreiche Abschluss der Zwischenprüfung. Dadurch konnte er wieder eine Perspektive für das Studium ins Auge fassen. Die erfolgreiche Abschlussphase des Studiums fiel noch in die Therapiezeit.

Die Unterscheidung zwischen einem sozial unsicheren und aktivdependenten Konfliktverarbeitungsmodus, die mir im Vergleich zwischen Albert und Bruno klar geworden ist, ließ sich später auch auf andere Patienten übertragen.

6.4 Strukturelle Dimensionen im Behandlungsfokus

Die »Struktur« bezieht sich auf die Verfügbarkeit über regulative Funktionen des Psychischen. Dabei werden vier »Strukturniveaus« von gut integriert über mäßig und gering integriert bis zu desintegriert unterschieden. Je größer die strukturellen Beeinträchtigungen sind, desto weniger konturiert treten Konflikte zutage. In der OPD werden acht strukturelle Dimensionen zugrunde gelegt: die Fähigkeiten zur Selbst- und Objektwahrnehmung, zur affektiven Selbststeuerung und Beziehungsregulierung, zur intrapsychischen und interpersonellen Kommunikation sowie zur inneren Objektbindung und äußeren Beziehung (Arbeitskreis OPD, 2006). Der Leitfaden für die Psychodynamik der Strukturstörungen führt vom Symptom über das aktualisierte strukturelle Defizit, aktuelle Auslöser, Schutz, Kompensation und Ressource im bisherigen Leben, Strukturniveau und Bewältigungsmuster und das strukturelle Defizit zur frühen Biografie (Jungclaussen, 2013, S. 154 ff.).

Eine 52-jährige Patientin wirkt im Erstgespräch bei den sie belastenden Themen unsicher und ratlos. Sie erzählt, dass sie unter Ängsten bei Dunkelheit, in engen Räumlichkeiten, auf Rolltreppen abwärts und in vielen sozialen Situationen leide. Sie sei dauernd mit depressiven Grübeleien beschäftigt: vornehmlich über ihre langjährige Ehe (fast dreißig Jahre), in der sie sich durch angedrohte oder ausgeübte Gewalttätigkeiten ihres Ehemannes eingeschüchtert und jahrelang vor der Trennung, die etwa ein Jahr zurückliegt, suizidal gefühlt habe. Sie könne ganz schwer entspannen, habe nächtliche Albträume, und auch am Tage drängen sich ihr gewalttätige Szenen aus ihrer Ehe auf. Sie fühle sich emotional wenig belastbar. Jeder könne sie »in die Tasche stecken«.

Sie sei in einem Künstlerhaushalt aufgewachsen und ein auffällig stilles Kind gewesen. Der Vater habe sich nie mit ihr und ihrem zwei Jahre jüngeren Bruder abgegeben und sie nie gedrückt oder in den Arm genommen. Stattdessen gab es von seiner Seite ständig Kritik und Herabsetzung. Es war ein »ewiger Krieg«, etwa wenn man zu viel Badewasser genommen hatte. Auch die Mutter habe wenig auf die Bedürfnisse ihrer Tochter nach Zuwendung, Beachtung und Zärtlichkeit eingehen können und den jüngeren Bruder vorgezogen. »Im Alter von sieben Jahren wurde ich bei einer stark blutenden Verletzung von der Mutter mit einem aufgelegten Lappen versorgt und allein zum Arzt geschickt.« Ab dem zwölften Lebensjahr übernahm die Patientin die Organisation des Haushalts, da die Mutter bis nachts arbeitete. Mit 17 Jahren verließ sie gegen den Willen der Eltern das Gymnasium. Nach einer dreijährigen Lehre stieg sie zur Gruppenleiterin und später zur technischen Leiterin der Firma auf. Seit über zwanzig Jahren ist sie Sachbearbeiterin in einer Führungsposition. Sie war fast nie krankgemeldet und habe, oftmals unter starken Schmerzen, immer sehr gewissenhaft gearbeitet.

Als Jugendliche schloss sie sich einem Mann an, der eine »schreckliche Kindheit« gehabt habe, und heiratete ihn mit Anfang zwanzig, um sich von ihrem Elternhaus zu lösen. Auch hoffte sie, ihn vom psychischen Elend befreien und seine Liebe gewinnen zu können. Dies misslang. Des Öfteren schlug er sie, bedrohte sie mit einer scharfen Waffe oder zwang sie nach Wutanfällen zur Sexualität.

Psychodynamisch gesehen kann man bei dieser Patientin von einem seit der Kindheit bestehenden Selbstwertkonflikt ausgehen, der in erster Linie durch die demütigende Behandlung des Vaters und die mangelnde Bestätigung durch die Mutter hervorgerufen und dann durch die Gewalterfahrungen mit dem Ehemann und das Scheitern der hoffnungsvoll begonnenen Ehe noch verschärft wurde. Allein der berufliche Erfolg schien ihr phasenweise eine Kompensationsmöglichkeit zu bieten.

Als zweiter Konflikt springt ein Kontrolle-Unterwerfungs-Konflikt mit sadomasochistischer Tönung ins Auge; jedenfalls wirkt er nach der Trennung von ihrem Ehemann noch stark in ihr nach. In diesem Kontext drängte sich die Frage auf, warum sie nach ihren deprimierenden Erfahrungen mit ihrem Vater ausgerechnet diesen gewalttätigen Partner »gewählt« hat. Es wäre auf jeden Fall eine vorschnelle Pathologisierung, würde man die Partnerwahl der Patientin als eine bloße Wiederholung der Beziehung zu ihrem unempathischen Vater betrachten oder auf masochistische Bedürfnisse zurückführen. Eine erste Erklärung war eine Erlöserphantasie. Sie kümmerte sich wie eine »Glucke« um ihn, um ihn »aufzubauen«, ja »zu retten«, um dann aber immer wieder enttäuscht zu sein, wenn sie nicht das zurückbekam, was sie vorher mit vollen Händen gegeben hatte. Auch wenn nicht alle Elemente einer Retterphantasie unbewusst sein müssen, so war der kompensatorische Anteil der Patientin doch so groß, dass ihre Bemühungen in einen Circulus vitiosus einmünden mussten. In den Therapiegesprächen konnte der narzisstische Eigenanteil am Nicht-Gelingen ihres »Projekts« sichtbar gemacht werden.

Eine andere Frage war, warum sich die Patientin so schwer von ihrem Ehepartner trennen konnte. Der eigene Impuls für eine solche

Entscheidung war zu schwach. Ihre Eltern, die ihre traumatische Belastung nicht wahrnahmen, hinderten sie mehrfach an einer Trennung. Auch Rationalisierungen – »wenn ich weiter durchhalte, kann ich es doch noch schaffen« – trugen zur Hemmung ihres Trennungswunsches bei. Nach einer Fülle sich wiederholender Frustrationen und Gewalterfahrungen schlugen ihre Geduld und Verständnisbereitschaft aber irgendwann in Verachtung und Hass um. Eine Versöhnung war danach ausgeschlossen. Dass sie eines Tages heimlich die eheliche Wohnung verließ und für mehrere Wochen »untertauchte«, war letztlich aber nur möglich, weil ihr ein befreundeter Arbeitskollege Unterstützung und Unterschlupf bot.

In diesem Fall wird eine strukturelle Dimension sichtbar. Die beeinträchtigte Fähigkeit zur Steuerung eigener Impulse und Affekte und des Selbstwerts erschwerte die Regulierung wichtiger Beziehungen. Der Patientin fehlte es generell an Selbstbehauptung und speziell in der Ehe an Kraft und Mut, sich wesentlich früher von ihrem Ehemann zu trennen. Hinsichtlich ihres Strukturniveaus waren die Bereiche Selbststeuerung und Objektwahrnehmung allenfalls mäßig integriert, auch wenn sie in anderen Bereichen gute Ressourcen hatte, so dass sie in der Therapie gute Zugänge zu ihren unbewussten Motiven und Phantasien finden konnte.

7 Arbeiten mit dem »kreativ« Unbewussten

»Märchen, Mythen, Träume« – das gleichnamige Buch von Erich Fromm (1951) lässt die Zusammengehörigkeit dieser drei psychischen Ausdrucksformen erkennen, die in der Psychoanalyse – ähnlich wie Symptome, Fehlleistungen und Witze – als »Sprache des Unbewussten« bezeichnet werden. Es handelt sich dabei um eine Art Geheimsprache, in der verbotene und tabuisierte Inhalte andeutungsweise und verschlüsselt weitergegeben werden – auch und gerade in der Psychotherapie. Auffällig ist, dass solche symbolischen Ausdrucksmittel, deren sich auch die Künstler bedienen, oft mit großer Gefühlsintensität aufgeladen sind und sich mit existenziellen Themen wie Liebe, Hass, Vergeltung, Kampf, Krankheit und Tod in bildhafter Form auseinandersetzen. Man kann sie unter dem Aspekt der schöpferischen Auseinandersetzung mit dem Leben betrachten.

Einen wichtigen Ausgangspunkt für die Annahme eines »*kreativ*« Unbewussten in der psychodynamischen Therapie bildet der Zusammenhang zwischen Traum, Psychose und Kreativität. Der Traum gilt heute als »eine besondere Form des unbewussten Denkens, das auf der Suche nach Problemlösungen ist, der Verarbeitung von Konflikten dient, neue Ideen schafft und seelisches Wachstum fördert. […] Mit diesen Entwicklungen der Traumtheorie einhergehend haben manche Psychoanalytiker die Freud'sche Konzeption des Unbewussten um ein sogenanntes romantisches Verständnis erweitert, in dem das Unbewusste zu einer Quelle seelischen Wachstums wird« (Bohleber, 2013, S. 812 f.).

7.1 Der Stellenwert unbewusster Intuitionen

Theodor Reiks bereits angesprochenes Konzept vom »Hören mit dem dritten Ohr« berührt sich mit seinem Konzept der »unbewussten Intuition«. Um imstande zu sein, auf die eigene innere Stimme zu hören und sich durch die aus dem eigenen Unbewussten auftauchenden Einfälle »überraschen« zu lassen, bedarf es intuitiver Fähigkeiten, aber auch innerer Aufrichtigkeit und moralischen Mutes. Überraschung bedeutet in diesem Zusammenhang, dass etwas Erlebtes aus unserem Bewusstsein verschwunden war und zu einer unerwarteten Zeit oder unter unerwarteten Umständen wieder auftaucht. Wenn der Therapeut sein Erstaunen zu einer Deutung verwertet, die den Patienten zu einer direkten Konfrontation mit seinen verdrängten Kräften führt, kann es zu einem Überraschungseffekt kommen, der dem therapeutischen Prozess wichtige Impulse gibt. Wie Reik selbst zu einer solchen intuitiven Einsicht gelangte, sei an einem Beispiel verdeutlicht (1948/1976, S. 394 ff.).

Ein Patient erzählte ihm in einer Sitzung, dass er während einer Aufführung des »Parsifal« in der Wiener Staatsoper den starken Drang verspürte, laut in das Publikum hineinzurufen: »Matzenknödel!« Diesem Zwangsimpuls konnte er sich nur durch schnelles Verlassen der Oper entziehen. Während er sein Erlebnis mit klagender Stimme erzählte, registrierte Reik bei sich, dass ihm zum Lachen zumute war, als ob er einen Witz gehört hätte. Diese Empfindung erschien ihm zunächst merkwürdig und unverständlich. Bei vordergründiger Betrachtung schien der Gedanke an die Matzenknödel auf orale Bedürfnisse hinzudeuten. Bei genauerem Nachfragen erfuhr Reik, dass der Patient vor Beginn der Aufführung seine Eltern in der Loge gesehen hatte. Diese hatten vor Kurzem beschlossen, sich taufen zu lassen, weil sie nur als Christen in den Adelsstand aufgenommen würden. Durch die »Parsifal«-Aufführung wurde der Patient an eine frühe Kindheitssituation erinnert, als er gemeinsam mit den Eltern Matzenknödel gegessen hatte.

Was hatte diese plötzliche Kindheitserinnerung mitten in einer feierlichen Szene des Stückes zu bedeuten? Reik überließ sich eigenen Assoziationen, zog Querverbindungen zwischen der »Parsifal«-Aufführung und der Familiensituation des Patienten und gelangte schließlich, auch aufgrund seines eigenen jüdischen Familienhintergrunds, zu einer Deutung des Zwangsimpulses, die ihn selbst überraschte. Die Kindheitsszene symbolisierte, dass der Patient damals in Übereinstimmung mit seiner armen, aber dem Judentum gegenüber loyalen Familie lebte. Der jetzige Impuls, »Matzenknödel!« zu rufen, war offenbar ein von Enttäuschung und Wut getragener Appell an die Eltern, sich ihrer Herkunft zu besinnen. Darin drückte sich die verdrängte Empörung über den Loyalitätsverrat der Eltern aus, denen der soziale Aufstieg wichtiger war als das Festhalten an der jüdischen Tradition. Die heftige Anwandlung des Therapeuten, lachen zu müssen, ließ sich auf den spürbaren Sarkasmus des Patienten zurückführen: »sein Motiv, diese vornehm tuenden Juden lächerlich zu machen, seine Eltern eingeschlossen, die vorgeben, von den Geheimnissen des Heiligen Grals tief berührt zu sein« (S. 398).

7.2 Kreative Wege zu neuen Beziehungserfahrungen

Mentzos hat sich jahrzehntelang mit der unbewussten Dynamik der Psychosen auseinandergesetzt. Der einseitig deskriptiven Nosologie stand er ablehnend gegenüber, weil die Diagnose einer Psychose von dem Betroffenen als Stigma und narzisstische Kränkung erlebt werden kann. Seine Kritik richtete sich auch gegen die biologisch orientierte Psychiatrie, soweit sie die Erkrankung einseitig Vorgängen im Gehirn zuschreibt und die Verbindung zu mitmenschlichen und soziokulturell verantwortbaren Bezügen abstreitet. Durch diese theoretische Sicht und die darauf aufbauende Therapiepraxis werde eine einseitig medikamentöse Behandlung der Störung legitimiert, die »an den Betroffenen vorbei« stattfinde. Da die Durchlässigkeit zwischen unbewusst und bewusst sehr groß ist, glaubten viele Psychiater, es sei das Beste, »die psychotischen Strukturen nach Möglichkeit einzukapseln, die Aufdeckung von unbewusstem Material auf jeden Fall zu vermeiden und insgesamt gleichsam die Grenzen zum Unbewussten zu stärken« (Mentzos, 2006, S. 332). Demgegenüber hat es nach Mentzos Sinn, »zumindest den Versuch einer strukturellen Veränderung und Integration des psychotischen Erlebens« zu unternehmen. Auch wenn die »unbewussten Inhalte in der Psychose meistens sehr intensiv bewusst erlebt und präzise verbalisiert werden, sollte uns [das] nicht vergessen lassen, dass in der Psychose das Eigentliche und Wesentliche doch verborgen bleibt« (S. 332 f.).

Mentzos hielt es für schwer möglich, die psychotischen »Abwehrmauern« direkt zu beeinflussen; durch eine neue Beziehungserfahrung in der Therapie könnten aber Angst und Spannung vermindert werden. Wie eine solche therapeutische Beziehungserfahrung in praxi aussehen kann, wird am Therapiefall einer 55-jährigen Frau verdeutlicht, die drei Jahre nach einer abgeschlossenen therapeutischen Behandlung zu einigen Nachbesprechungen kam.

Die Patientin wollte unbedingt den Widerspruch zwischen ihrem Wunsch und ihrer Fähigkeit, Menschen zu gewinnen, und ihrem emotional distanzierten, ja zurückweisenden Verhalten besser verstehen lernen. So hatte sie einen fünf Jahre älteren Mann, der in sie verliebt war, ohne jeden Grund schlecht behandelt, obwohl sie ihn mochte und an ihm hing.

Als sie zu einer zweiten Stunde kam, war sie den Tränen nahe, was für sie als temperamentvolle und vitale, aber im Hinblick auf die Äußerung von »Schwächegefühlen« sehr kontrollierte Frau ungewöhnlich war. »)Wissen Sie‹, sagte sie, ›mir fällt gerade wieder etwas auf: Als ich mich das letzte Mal von Ihnen verabschiedete, hatte ich den Eindruck, daß Ihre Stimme entgegenkommender und irgendwie wärmer war als sonst, und ich fühlte mich überhaupt in dieser Stunde gut verstanden von Ihnen und – das ist ja die Paradoxie – gerade deswegen wollte ich nicht, daß Sie so einfühlsam und gut zu mir sind. Ich spürte so eine Art Abneigung dagegen und wollte auch schon wegbleiben« (Mentzos,

1982, S. 278). Es lag nahe, anzunehmen, dass diese aversive Reaktion mit Angst vor Nähe oder Abhängigkeit zu tun habe. Die Patientin konnte dem rational zustimmen und doch fühlte sie sich dadurch noch nicht genügend verstanden. »Plötzlich fing sie an, heftig zu weinen (zum ersten Mal!). Ich hatte den Eindruck, daß sie auf etwas Wichtiges gestoßen sein mußte. Auf der anderen Seite hatte ich das Gefühl, daß ich dieses Schluchzen, wenn es mich auch berührte, doch gut vertragen konnte. Und ich empfand, daß die Patientin dies spürte und sich dadurch ermutigt fühlte, trotz ihres Schluchzens fortzufahren. Ich gab ihr dabei nur wenig verbale Hilfe. Schließlich sagte sie: ›Wissen Sie, ich glaube, das hat mit meinen Eltern zu tun. Ich denke und fühle plötzlich, daß es eigentlich nicht sein darf, wenn jemand mich liebt und versteht. Es darf nicht sein‹, schrie sie plötzlich laut weinend, ›daß dieser Mann, der für mich eigentlich ein fremder Mann ist, mich mehr liebt und besser versteht als meine Eltern!‹ Sie schwieg kurze Zeit und fügte dann hinzu: ›Und dann ist da noch so ein Gefühl, daß ich dieses Entgegenkommen, dieses Getragenwerden und Verstandenwerden nicht wert sei.‹ Ich sagte: ›Sie stoßen die Menschen zurück, von denen Sie sich gut verstanden fühlen, um Ihre Eltern zu retten! So sehr lieben Sie sie, trotz allem. Sie wollen sie nicht schlecht machen. Viel eher sind Sie bereit, sich selbst schlecht und wertlos zu machen. Sie wollen ein gutes Bild Ihrer Eltern aufrechterhalten und können sich nicht damit abfinden, daß dieses Bild eigentlich nie der Wirklichkeit entsprochen hat. Denn wenn ein relativ fremder Mensch Sie besser verstehen und lieben würde, dann müßten ja Ihre Eltern schlecht sein. Oder anders ausgedrückt: Dann muß es so sein, daß Sie nie die Eltern hatten, die Sie sich gewünscht und sehnsüchtig erträumt haben. Deswegen müssen Sie gerade die Menschen schockieren und abweisen, die Sie besonders gut verstehen und besonders einfühlsam behandeln«« (S. 278f.).

Wie in diesen Fall kann man ein zentrales Beziehungsproblem psychotischer Menschen darin sehen, dass sie Möglichkeiten, im Rahmen unbelasteter Beziehungen neue Erfahrungen zu machen und so die festgefahrenen Erlebnismuster zu lockern, zu wenig wahrnehmen.

7.3 Kreative Weichenstellungen in Träumen

In der psychodynamischen Psychotherapie wird die psychologische Funktion des Träumens darin gesehen, eine Kommunikation zwischen Bewusstsein und Unbewusstem anzuregen, wodurch ein seelisches Gleichgewicht wiederhergestellt und so psychische Entwicklung und Wachstum ermöglicht werden. Die Deutungsarbeit diene dazu, die Vorgänge klarzulegen, von denen die Fremdartigkeit und Unkenntlichkeit des Traums herrührt, und aus ihnen einen Rückschluss auf die Natur der psychischen Kräfte zu ziehen, aus deren Zusammen- oder Gegeneinanderwirken der Traum hervorgeht. Im Verlauf des therapeutischen Prozesses tauchen von Zeit zu Zeit Träume auf, die eine kreative Verarbeitung eines Problems erkennen lassen. Dazu ein weiteres Fallbeispiel von Mentzos:

Eine vierzigjährige Akademikerin fragte bei ihm an, ob sie zu ihm in Behandlung kommen könne. Sie leide an einer »schizoaffektiven Psychose«. Eine erste psychotische Episode war durch die Beendigung einer langjährigen, aber recht unglücklichen Beziehung zu einem Mann ausgelöst worden. Sowohl der Loslösung aus einer symbiotischen Abhängigkeit als auch der ihr nun drohend bevorstehenden Lebensform als Single fühlte sich die Patientin offenbar nicht gewachsen. »Ihre große Abhängigkeit von diesem Partner verstanden wir im Laufe der Behandlung als eine verzweifelte Wiederholung der in gewisser Hinsicht ähnlich strukturierten Beziehung zu ihrer Mutter, welche ebenfalls der Patientin gegenüber kühl, reserviert, gleichgültig, kränkend, verächtlich und feindlich war« (Mentzos, 1999, S. 26). In einem bereits fortgeschrittenen Stadium der Behandlung hatte die Patientin folgenden Traum: »In einem größeren Raum, wahrscheinlich in einem Konferenzraum, befanden sich mehrere Ärzte, Psychiater, die sich schon mit ihrem Behandlungsfall beschäftigt hatten und nun lebhaft und strittig über die Diagnose diskutierten. Die Diskussion entwickelte sich zu einem regelrechten Disput, in dessen Verlauf diese Fachleute heftig gestikulierend stritten. Weil keine Lösung abzusehen war, entschloss man sich dann, vor Gericht zu gehen! Es wurde ein Termin anberaumt, bei dem jedoch diese Experten von neuem, jetzt im Gerichtssaal, während der Sitzung und in Anwesenheit des Richters, heftig anfingen zu streiten. Nach einer gewissen Zeit sah der Richter sich gezwungen, dieses ›Palaver‹ der Fachleute mit entschiedener Stimme zu verbieten. Als es ruhig im Saal wurde, wandte er sich der Patientin zu: ›Sagen Sie, Frau X., Sie wissen doch sehr gut, daß es bei Ihnen nicht um eine Schizophrenie, nicht um eine schizoaffektive Psychose geht, sondern darum, dass sie …‹ Hier, an dieser Stelle der Erzählung, konnte die Patientin plötzlich nicht weitersprechen und brach in Tränen aus. Nachdem sie sich bald etwas erholt hatte, fuhr sie fort: ›Der Richter sagte also: Es geht nicht darum, dass Sie an seiner solchen Psychose leiden, sondern darum, dass Sie einfach zu viel geliebt haben!‹« (S. 26 f.).

Der Richter in diesem Traum übermittelt gleichsam eine Botschaft des Therapeuten, dass ihre verstörende Symptomatik auf einen inneren Konflikt zurückzuführen sei, dass dieser Konflikt mit ihrem starken Wunsch nach Zuwendung und Liebe zu tun habe und – implizit – dass sich dieser Konflikt bearbeiten lasse. Der Traum deutet darauf hin, dass diese Botschaft bei der Patientin angekommen ist. Man kann darin ein Beispiel für eine kreative Traumarbeit sehen, die ein Ausfluss der in der Behandlung bereits gewonnenen Erfahrungen ist. Der Traum scheint der Patientin Mut gemacht zu haben, konsequent auf der psychodynamischen Linie zu bleiben, sodass die Therapie nach weiteren zwei Jahren erfolgreich abgeschlossen werden konnte.

Aus diesem Fallbeispiel lässt sich die Folgerung ziehen, dass psychotische Vorgänge in hohem Maße einer Konfliktdynamik – und nicht einfach einem biologischen oder persönlichkeitsstrukturellen »Defekt« – unterliegen. Daher spricht Mentzos von der »Funktion der Dysfunktionalität« (2009). Psychische Störungen, auch die schwersten unter ihnen, seien aktiv, wenn auch unbewusst motivierte Vorgänge mit eigenen, defensiven und/oder kompensatorischen Funktionen.

7.4 Therapeutisches Arbeiten mit Lieblingsmärchen

Märchen, von denen ein Patient als Kind sehr fasziniert war, können zu unbewussten Motivations- und Sinnzusammenhängen und damit zu einem kreativen Unbewussten hinführen. Dabei stellt sich die Frage, warum ein Patient sein *Lieblingsmärchen* in der Kindheit immer wieder – oft hundert Mal oder noch mehr – hören oder lesen wollte (vgl. Dieckmann, 1983).

Ein vierzigjähriger Arzt nahm eine psychotherapeutische Behandlung auf, weil er seit mehreren Wochen unter schweren Schlafstörungen litt und sich nur noch mit eiserner Disziplin dazu zwang, seiner Tätigkeit in einer Klinik weiter nachzugehen. Er hatte erst vor wenigen Monaten seine Stelle gewechselt und musste nun erkennen, dass es an der neuen Stelle noch viel schlimmer war. An der alten Stelle hatte er sich unterfordert gefühlt und keine Aufstiegschancen für sich gesehen. An der neuen Stelle sah er sich mit einem Chef konfrontiert, der ihn mit Arbeit massiv unter Druck setzte – häufig sogar bis spät in die Nacht hinein – und ihn noch dazu persönlich attackierte, weil er »nicht perfekt genug« gearbeitet habe. Äußerlich ließ er sich nichts anmerken, am liebsten hätte er jedoch die Stelle sofort wieder gewechselt. Aber zwei Wechsel in so kurzer Zeit – was würde man bei einer neuen Bewerbung von einem so wankelmütigen Menschen denken!

In seiner beruflichen Arbeit zeigte sich der Patient perfektionistisch und selbstausbeuterisch, wobei er durch großen Einsatz seine Wünsche nach Beachtung und Bestätigung zu befriedigen suchte. Je mehr diese narzisstischen Gratifikationen infrage gestellt wurden, desto mehr reagierte er mit einer Wendung gegen die eigene Person, wobei er alles herbeizog, was nur irgendwie gegen ihn sprach. Er sah aber auch etwas Richtiges, nämlich dass seine Entwicklung in den letzten Jahren einseitig von »Arbeit, Arbeit und nochmals Arbeit« bestimmt gewesen und dass er persönlich dabei »zu kurz gekommen« war.

Im Behandlungsfokus standen zunächst die Ängste vor dem Chef, die Gefühle des Ausgeliefertseins und der Wehrlosigkeit. Frühere

Erfahrungen mit Autoritäten und der ressentimenthafte Rückzug in solchen Situationen wurden bearbeitet. Da er sich aber weiterhin nicht mit seinem Chef arrangieren konnte, entschloss er sich nach etwa einem Jahr Therapie, eine neue Stelle anzunehmen, die insgesamt wesentlich günstiger als die beiden früheren war. Dennoch wurde die Autoritätsproblematik auch im Verhältnis zum neuen Chef wieder akut. Während dieser als Star agierte, übte sich der Patient in besonderer Bescheidenheit, um insgeheim heftig gegen die Anspruchshaltung seines Vorgesetzten zu rebellieren. Die Folge waren aufgestaute Wut und gelegentlich schwere Migräneanfälle.

Als in der Therapie die Sprache auf sein Lieblingsmärchen kam, fiel ihm spontan »*Der gestiefelte Kater*« ein. Das Märchen handelt vom jüngsten Sohn eines Müllers, dem beim Tod seines Vaters ein Kater vermacht worden ist. Der Kater entpuppt sich alsbald als Steigbügelhalter für den sozialen Aufstieg seines noch unerfahrenen und unselbstständigen Herrn. Um die Gunst des königlichen Herrschers zu erwerben, fängt er für ihn einige Rebhühner und offeriert seine Jagdbeute als ein Geschenk seines Herrn, des angeblichen Grafen. Als er bald darauf erfährt, dass der König mit seiner Tochter eine Kutschfahrt zu einem nahe gelegenen See unternehmen will, appelliert er an den Müllerssohn:

›»Wenn du ein Graf und reich werden willst, so komm mit mir hinaus an den See und bade darin.‹ Der Müller wußte nicht, was er dazu sagen sollte, doch folgte er dem Kater, ging mit ihm, zog sich splitternackt aus und sprang ins Wasser. Der Kater aber nahm seine Kleider, trug sie fort und versteckte sie. Kaum war er damit fertig, da kam der König dahergefahren; der Kater fing sogleich an, erbärmlich zu lamentieren: ›Ach! Allergnädigster König! Mein Herr, der hat sich hier im See zum Baden begeben, da ist ein Dieb gekommen und hat ihm die Kleider gestohlen, die am Ufer lagen; nun ist der Herr Graf im Wasser und kann nicht heraus, und wenn er sich noch länger darin aufhält, wird er sich erkälten und sterben.‹ Wie der König das hörte, ließ er anhalten und [...] von des Königs Kleider holen. Der Herr Graf zog dann auch die prächtigen Kleider an, und weil ihm ohnehin der

König wegen der Rebhühner, die er meinte, von ihm empfangen zu haben, gewogen war, so mußte er sich zu ihm in die Kutsche setzen.«

Der Kater eilt nun der königlichen Kutsche voraus und spricht mit den Arbeitern auf den umgebenden Feldern und Wiesen, die einem Zauberer gehören. Sie sollen dem König die Auskunft geben, dass die Ländereien dem Grafen gehören, was sie dann auch tun. Zum Schluss geht der Kater zum Zauberer und fordert ihn auf, den Beweis dafür anzutreten, dass er sich in jedes Tier auf der Welt, also auch in eine Maus verwandeln könne. Der Zauberer geht darauf ein, ohne zu erkennen, dass es sich um einen Trick handelt, und wird nach seiner Verwandlung in eine Maus vom schlauen Kater gefressen. Auf diese Weise fällt auch das schöne Schloss in den Besitz des Grafen. Die hochstaplerische Vortäuschung von Status und Besitztümern ist damit gelungen, und der angebliche Graf hat sich auf diese Weise als würdig erwiesen, mit der Königstochter vermählt zu werden. Das Happy End ist perfekt.

Die therapeutische Arbeit mit einem Märchen orientiert sich stets an der *selektiven Wahrnehmung* des jeweiligen Patienten. Im vorliegenden Fall vermittelte die im Märchen dargestellte Erfolgsgeschichte dem Jungen das Gefühl, dass man mit Selbstvertrauen in der Welt einiges bewegen kann. Der Kater symbolisierte für ihn einen Macher, der, mit Handlungsfähigkeit, Mut und List ausgestattet, einen Gegenpol zu seiner eigenen Gehemmtheit bildete: »Insbesondere in der Kindheit, aber noch heute plagen mich gelegentlich Mutlosigkeit, Passivität und Unentschlossenheit. Das Märchen ›Der gestiefelte Kater‹ hat schon immer einen magischen Zauber auf mich ausgeübt. Es vermittelte mir unbewusst das Gefühl, dass man der Welt nicht unbedingt hilflos ausgeliefert sein muss, dass man die Freiheit hat, es selbst aktiv zu gestalten. Man ist wandlungsfähig, wenn man lernt, in sich hineinzuhorchen. Das Märchen macht mir auch heute noch Mut, dass das möglich ist.«

Im Fortgang der Therapie erinnerte sich der Patient noch an »*Rotkäppchen*« als zweites Lieblingsmärchen seiner Kindheit und brachte es in einen engen Zusammenhang mit der Beziehung zu seiner vom

Charakter her sehr bestimmenden Mutter. In der Kindheit habe er keine andere Wahl gehabt, als sich ihr ohne Wenn und Aber unterzuordnen.

Das Märchen beginnt damit, dass die Mutter ihrer Tochter einen Auftrag erteilt: »Komm, Rotkäppchen, da hast du ein Stück Kuchen und eine Flasche Wein, bring das der Großmutter hinaus; sie ist krank und schwach [...], geh hübsch sittsam und lauf nicht vom Wege ab.« Was der Patient an dieser Stelle besonders wahrnahm, war der mütterliche Appell, brav zu sein und nicht vom geraden Wege abzuweichen. Erst recht konnte sich der Patient damit identifizieren, dass Rotkäppchen sich im Weiteren vom Wolf verleiten lässt, den geraden Weg zu verlassen:

»›Rotkäppchen, sieh einmal die schönen Blumen, die ringsumher stehen. Warum guckst du dich nicht um? Ich glaube, du hörst gar nicht, wie die Vöglein so lieblich singen? [...]‹ Rotkäppchen schlug die Augen auf, und als es sah, wie die Sonnenstrahlen durch die Bäume hin und her tanzten und alles voll schöner Blumen stand, dachte es: Wenn ich der Großmutter einen frischen Strauß mitbringe, der wird ihr auch Freude machen; es ist so früh am Tag, dass ich doch zu rechter Zeit ankomme, lief vom Wege ab in den Wald hinein und suchte Blumen. Und wenn es eine gebrochen hatte, meinte es, weiter hinaus stände eine schönere, und lief danach und geriet immer tiefer in den Wald hinein.«

Dass Rotkäppchen Ja sagt und Nein tut, ohne dabei ein schlechtes Gewissen zu haben – das war die Schlüsselszene, die der insgeheim aufmüpfige Junge identifikatorisch miterlebte und genoss. In dieser Szene ging es um ein für ihn zentrales Thema: den Konflikt zwischen Gebundensein, Anpassung und Unterwerfung versus Ungehorsam, Rebellion und Eigensinn. Wie der gestiefelte Kater und sein Herr expansive Wünsche in ihm ansprachen, so stimulierten Rotkäppchen und der Wolf die ihm untersagte Sinnlichkeit und Lebensfreude.

Der Patient hat sich dann erst in der späten Pubertät allmählich – eher lautlos – der Herrschaft der Mutter entzogen. Besonders eindrücklich wurde sein zunehmendes Bestreben, eigene Wege zu gehen, in einer bemerkenswerten Aktion: Als 18-Jähriger sparte er sich Geld, kaufte sich zum frühestmöglichen Zeitpunkt ein eigenes Auto, parkte es in der Nähe der mütterlichen Wohnung und fuhr damit zwei Jahre lang (!) durch die Gegend, ohne dass die Mutter etwas davon ahnte. Erst durch einen Nachbarn erfuhr sie es zufällig, und dann hätte es »den« Konflikt ihrer Beziehung gegeben. Dem Sohn machte das aber wenig aus, vielmehr war er stolz darauf, dass er seine heimlichen Wünsche »ausgelebt« hatte, ohne dass ihn jemand daran hätte hindern können.

8 Rückblick und Ausblick

Das therapeutische Arbeiten mit dem Unbewussten gestaltet sich sehr unterschiedlich, je nachdem von welcher theoretischen Grundlage man ausgeht. Angesichts der immer noch verwirrenden Vielfalt der Konzeptionen sei abschließend der Frage nachgegangen, an welchen Konzepten des Unbewussten sich die psychodynamische Psychotherapie von heute orientieren kann. Daran schließt sich die Frage an, ob man diese verschiedenen Bedeutungen vom Unbewussten nicht zusammenführen kann, denn es wird ja deutlich, dass sie nicht so einfach gegeneinander abgegrenzt werden können.

Das lediglich deskriptiv Unbewusste, das durch die Fokussierung der Aufmerksamkeit leicht ins Bewusstsein gelangen kann, bezeichnete Freud als Vorbewusstes. Bei einem bloß *kognitiv Unbewussten* bleibt die Erhellung und Aufklärung stark dem Rationalen verhaftet und lässt kaum Zugänge zum irrationalen Erleben zu. Kognitionswissenschaftler sprechen heutzutage vorzugsweise vom »Nichtbewussten«, um nur ja keine Nähe zum dynamisch Unbewussten der Psychoanalyse aufkommen zu lassen, und neuerdings vom »adaptiven« Unbewussten, dem eine überragende Bedeutung bei raschen Entscheidungsfindungen, Intuition und schnellem Denken zugeschrieben wird.

Freuds Hauptaugenmerk galt – und das war seine genuine Entdeckung – dem *dynamisch Unbewussten*. Aus heutiger Sicht sind es nicht nur abgewehrte Wunschregungen und Triebrepräsentanzen, die das Unbewusste bevölkern, sondern auch narzisstische Bedürfnisse und eine Reihe »unbewusster Emotionen«, die der Selbst- und Beziehungsregulierung dienen. Die mit dem dynamisch Unbewussten eng verknüpfte »Hermeneutik des Verdachts« und die Methodik des analysierenden und aufdeckenden Bearbeitens von Konflikt-, Struktur- und Traumastörungen hat wenig von ihrer prinzipiellen Berechtigung verloren.

Durch die Konzepte des impliziten Gedächtnisses und des impliziten Beziehungswissens ist die Repräsentation von frühen Beziehungserfahrungen aus der nichtverbalen Entwicklungsphase in den Brennpunkt gerückt und hat es notwendig gemacht, neben dem ins Unbewusste Verdrängten ein »nicht-verdrängtes« Unbewusstes anzunehmen, das am besten als *implizit Unbewusstes* bezeichnet wird. Das implizit Unbewusste hat aber auch eine dynamische Seite, weil die frühen affektiven Zustände ja auch anderes ausschließen bzw. nicht zulassen. Die »Boston Change Process Study Group« um Daniel Stern betont, dass »die impliziten interaktiven Prozesse, obwohl symbolisch nicht repräsentiert, intentional ausgerichtet sind. Die intentionale Struktur macht die frühen Interaktionen psychodynamisch bedeutsam. Denn auf dieser impliziten Ebene kann es zu Konflikten zwischen den interaktiven Intentionen des Selbst und denjenigen seiner Bezugspersonen kommen. […] Aufgrund dieser Forschungen müssen wir heute davon ausgehen, dass ein dynamisches Unbewusstes nicht mehr gänzlich von einem nicht-verdrängten impliziten Unbewussten abgegrenzt werden kann« (Bohleber, 2013, S. 811). Bei der therapeutischen Arbeit geht es daher darum, die unbewussten Implikationen des Beziehungsgeschehens, in die Patient und Therapeut gleichermaßen einbezogen sind, herauszuarbeiten.

Das Konzept eines *intersubjektiv* Unbewussten rückt in den Blick, wie das Beziehungsgeschehen von unbewussten Mechanismen strukturiert wird, die vor allem mit Resonanzphänomenen zu tun haben. Der Begriff der »nicht formulierten Erfahrung« von Donnel B. Stern (1997) macht das deutlich. Für ihn sind es »flüchtige, nur vage erfassbare nonverbale Erfahrungen, die noch nicht weiter formulierbar sind, die das Unbewusste bilden« (Bohleber, 2013, S. 812). Erst in der therapeutischen Beziehung lassen sich »für diese Erfahrungen Formulierungen finden und so mit Bedeutung versehen. Das heißt, eine Bedeutung wird nicht wiedergefunden, sondern sie wird neu konstruiert« (S. 812).

Das bedeutet, dass man nicht mehr über »das« Unbewusste sprechen kann, als sei es ein Objekt, das in einer Tiefe angesiedelt ist, sondern die Strukturierung des Beziehungsgeschehens geschieht unbewusst. Alle Arten eines *vertikalen* Unbewussten bedürfen der Ergänzung durch gegenläufige Formen eines *horizontalen* Unbewussten, auch und gerade im Rahmen der therapeutischen Beziehung. Der Ausgang von einer horizontalen Dimension des Unbewussten beachtet die Übergänge, Kontinuitäten und Brüche seelischer Prozesse. Die Annahme, dass es Tiefe an der Oberfläche gibt, dass das Unbewusste nicht nur biografisch, nicht nur »früh«, sondern in der Gegenwärtigkeit des Gesprächs, in der Konversation lokalisiert werden muss, könnte die Verbindungszugänge zwischen Psychoanalyse und anderen Forschungen wieder öffnen – ohne Verlust an Tiefe und ohne Verlust an Erklärungskraft. Geht man von der horizontalen Dimension zum *resonant Unbewussten* über, so stößt man auf die neuen Leitmetaphern von Balance, Rhythmus und Resonanz: Die therapeutische Beziehung ist von beiden Seiten auf die Ausbalancierung weitgehend unbewusster Emotionen, die Abstimmung leiblich-seelischer Rhythmen und wechselseitige Resonanz angewiesen.

In der Romantik wurde das Unbewusste als vitale und schöpferische »Lebenskraft« konzipiert: als innerer Freund und Entwicklungshelfer, der durch Progression und Integration gekennzeichnet ist. Die Wirksamkeit des Unbewussten in *kreativen* Prozessen entstammt der Erfahrung, dass es angesichts von Engpässen, Sackgassen und Labyrinthen im Leben immer auch Auswege und Gestaltungsmöglichkeiten gibt, dass es Sinn hat, sich Unbewusstem zu öffnen, indem man sich seinen Einfällen überlässt und somit einen »intermediären Raum« schafft, einen »Zwischenbereich von Erfahrungen, zu denen innere Welt und Außenwelt gleichermaßen ihren Beitrag leisten« (Winnicott, 1971, S. 11).

Zusammenfassend kann man sagen, dass das dynamisch Unbewusste durch das implizit Unbewusste erweitert wurde und dass sich daraus folgerichtig auch die Entwicklungen zu einem intersubjektiv, resonant und kreativ Unbewussten ergaben. Als verbindendes Glied zwischen den verschiedenen Auffassungen kann Merleau-Pontys Auffassung vom Unbewussten als Gliederung eines Feldes betrachtet werden: »Dieses Unbewußte ist nicht in unserem Innersten zu suchen, hinter dem Rücken unseres ›Bewußtseins‹, sondern vor uns als Gliederung eines Feldes. Es ist ›Unbewußtes‹ dadurch, daß es nicht Objekt ist, sondern das, wodurch Objekte möglich sind, es ist die Konstellation, aus der unsere Zukunft ablesbar ist« (Merleau-Ponty, 1964/2004).

Die Vorstellung eines vom Therapeuten oder von der Therapeutin objektiv erkennbaren Unbewussten, die als »Deutung« dem Patienten oder der Patientin nahegebracht werden kann, ist heute durch eine konstruktivistische Sicht zu ersetzen, die durch Therapeut und Patient gemeinsam hergestellt wird.

Literatur

Altmeyer, M. (2006). Die intersubjektive Wende der Psychoanalyse und das relationale Unbewusste. In M. B. Buchholz, G. Gödde (Hrsg.), Das Unbewusste in der Praxis. Erfahrungen verschiedener Professionen. Das Unbewusste, Bd. III (S. 93–122). Gießen: Psychosozial-Verlag.

Altmeyer, M., Thomä, H. (Hrsg.) (2006). Die vernetzte Seele. Die intersubjektive Wende in der Psychoanalyse. Stuttgart: Klett-Cotta.

Arbeitskreis OPD (Hrsg.) (2006). Operationalisierte Psychodynamische Diagnostik OPD-2. Diagnostik und Therapieplanung. Bern: Huber.

Atwood, G. E., Stolorow, R. D. (1984). Structures of subjectivity: Explorations in psychoanalytic phenomenology and contextualism. London & New York: Routledge.

Balint, M. (1968, dt. 1973). Therapeutische Aspekte der Regression. Reinbek: Rowohlt.

Bohleber, W. (2013). Der psychoanalytische Begriff des Unbewussten und seine Entwicklung. Psyche – Zeitschrift für Psychoanalyse und ihre Anwendungen, 67 (9/10), 807–816.

Bollas, C. (2011). Die unendliche Frage: Zur Bedeutung des freies Assoziierens. Frankfurt a. M.: Brandes & Apsel.

Breuer, J. (1895). Theoretisches. In J. Breuer, S. Freud, Studien über Hysterie. G. W., Nachtragsbd. (S. 244–310). Frankfurt a. M.: Fischer.

Buchholz, M. B. (2012). Konversation und Resonanz – Unterwegs zu einer Theorie, die versteht, warum verstehende Konversation hilft. In G. Gödde, M. B. Buchholz (Hrsg.), Der Besen, mit dem die Hexe fliegt. Wissenschaft und Therapeutik des Unbewussten, Bd. 2 (S. 9–44). Gießen: Psychosozial-Verlag.

Buchholz, M. B., Gödde, G. (2005). Das Unbewusste und seine Metaphern. In dies., Macht und Dynamik des Unbewussten. Auseinandersetzungen in Philosophie, Medizin und Psychoanalyse. Das Unbewusste, Bd. I (S. 671–712). Gießen: Psychosozial-Verlag.

Buchholz, M. B., Gödde, G. (2013). Balance, Rhythmus, Resonanz: Auf dem Weg zu einer Komplementarität zwischen »vertikaler« und »resonanter« Dimension des Unbewussten. Psyche – Zeitschrift für Psychoanalyse und ihre Anwendungen, 67 (9/10), 844–880.

Dantlgraber, J. (2008). »Musikalisches Zuhören«. Zugangswege zu den Vorgängen in der unbewussten Kommunikation. Forum der Psychoanalyse, 24, 161–176.
Dieckmann, H. (1983). Gelebte Märchen (2. Aufl.). Hildesheim: Gerstenberg.
Eckstaedt, A. (1991). Die Kunst des Anfangs. Psychoanalytische Erstgespräche. Frankfurt a. M.: Suhrkamp.
Ermann, M. (2005). Explizite und implizite psychoanalytische Behandlungspraxis. Forum der Psychoanalyse, 21 (1), 3–13.
Ermann, M. (2014). Der Andere in der Psychoanalyse. Die intersubjektive Wende. Stuttgart: Kohlhammer.
Faber/Haarstrick (2017). Kommentar Psychotherapie-Richtlinien: Mit Zugang zur Medienwelt (11. Aufl.). München: Urban & Fischer Verlag/Elsevier.
Ferenczi, S., Rank, O. (1924/1996). Entwicklungsziele der Psychoanalyse. Zur Wechselbeziehung von Theorie und Praxis. Wien: Turia + Kant.
Freud, S. (1895). Studien über Hysterie (ohne Breuers Beiträge). G. W., Bd. I (S. 75–312). Frankfurt a. M.: Fischer.
Freud, S. (1900). Die Traumdeutung. G. W., Bd. II/III. Frankfurt a. M.: Fischer.
Freud, S. (1905). Bruchstücke einer Hysterie-Analyse. G. W., Bd. V (S. 161–286). Frankfurt a. M.: Fischer.
Freud, S. (1912). Ratschläge für den Arzt bei der psychoanalytischen Behandlung. G. W., Bd. VIII (S. 376–387). Frankfurt a. M.: Fischer.
Freud, S. (1914). Zur Geschichte der psychoanalytischen Bewegung. G. W., Bd. X (S. 43–113). Frankfurt a. M.: Fischer.
Freud, S. (1915). Das Unbewußte. G. W., Bd. X (S. 263–303). Frankfurt a. M.: Fischer.
Freud, S. (1916–17). Vorlesungen zur Einführung in die Psychoanalyse. G. W., Bd. XI. Frankfurt a. M.: Fischer.
Freud, S. (1917). Eine Schwierigkeit der Psychoanalyse. G.W., Bd. XII (S. 3–12). Frankfurt a. M.: Fischer.
Freud, S. (1923). Das Ich und das Es. G. W., Bd. XIII (S. 237–289). Frankfurt a. M.: Fischer.
Freud, S. (1926). Die Frage der Laienanalyse. Unterredungen mit einem Unparteiischen. G. W., Bd. XIV (S. 207–286). Frankfurt a. M.: Fischer.
Freud, S. (1933). Neue Folge der Vorlesungen zur Einführung in die Psychoanalyse. G. W., Bd. XV. Frankfurt a. M.: Fischer.
Fromm, E. (1951). Märchen, Mythen, Träume. Hamburg: Rowohlt.
Giesers, P., Pohlmann, W. (2010). Die Entwicklung der Neurosenformel in den vier Psychologien der Psychoanalyse. Psyche – Zeitschrift für Psychoanalyse und ihre Anwendungen, 64, 643–667.

Gill, M. (1982, dt. 1996). Die Übertragungsanalyse. Theorie und Technik. Frankfurt a. M.: Fischer.
Gödde, G. (2009). Traditionslinien des Unbewussten. Schopenhauer – Nietzsche – Freud (2. Aufl.). Gießen: Psychosozial-Verlag.
Gödde, G. (2014). Unbewusst, das Unbewusste. In W. Mertens (Hrsg.), Handbuch psychoanalytischer Grundbegriffe (4. Aufl., S. 1020–1044). Stuttgart: Kohlhammer.
Gödde, G., Buchholz, M. B. (2011). Unbewusstes. Gießen: Psychosozial-Verlag.
Gödde, G., Stehle, S. (Hrsg.) (2016). Die therapeutische Beziehung in der psychodynamischen Psychotherapie. Ein Handbuch. Gießen: Psychosozial-Verlag.
Gödde, G., Zirfas, J. (2016). Therapeutik und Lebenskunst. Eine psychologisch-philosophische Grundlegung. Gießen: Psychosozial-Verlag.
Greenberg, J., Mitchell, S. A. (1983). Object relations in psychoanalytic theory. Cambridge, Mass.: Harvard University Press.
Gumz, A., Hörz-Sagstetter, S. (Hrsg.) (2018). Psychodynamische Psychotherapie in der Praxis. Weinheim: Beltz.
Hartmann, H.-P. (2005). Das Unbewusste in der Selbstpsychologie Heinz Kohuts und seiner Nachfolger. In M. B. Buchholz, G. Gödde (Hrsg.), Macht und Dynamik des Unbewussten. Auseinandersetzungen in Philosophie, Medizin und Psychoanalyse. Das Unbewusste, Bd. I (S. 528–551). Gießen: Psychosozial-Verlag.
Heimann, P. (1950). On countertransference. International Journal of Psychoanalysis, 31, 81–84.
Herder, J. G. (1778/1982). Vom Erkennen und Empfinden der menschlichen Seele. Herders Werke in fünf Bänden, Bd. 3 (S. 341–405). Hrsg. v. R. Otto. Berlin u. Weimar: Aufbau-Verlag.
Jungclaussen, I. (2013). Handbuch Psychotherapie-Antrag. Psychodynamisches Verstehen und effizientes Berichtschreiben in der tiefenpsychologisch fundierten Psychotherapie. Stuttgart: Schattauer.
Junker, H. (2005). Beziehungsweisen. Die tiefenpsychologische Praxis zwischen Technik und Begegnung. Tübingen: edition diskord.
Kant, I. (1798/1977). Anthropologie in pragmatischer Hinsicht. Werkausgabe, Bd. 12 (S. 397–690). Hrsg. v. W. Weischedel. Frankfurt a. M.: Suhrkamp.
Leibniz, G. W. (1704/1993). Neue Abhandlungen über den menschlichen Verstand. Übers. u. hrsg. v. W. Schüßler. Stuttgart: Reclam.
Leuzinger-Bohleber, M., Weiß, H. (2014). Psychoanalyse – Die Lehre vom Unbewussten. Geschichte, Klinik und Praxis. Stuttgart: Kohlhammer.
Lorenzer, A. (1983/2006). Sprache, Lebenspraxis und szenisches Verstehen in der psychoanalytischen Therapie. In A. Lorenzer, Szenisches

Verstehen. Zur Erkenntnis des Unbewußten. Kulturanalysen, Bd. 1 (S. 13–37). Marburg: Tectrum.
Lütkehaus, L. (Hrsg.) (1989). Einleitung. In L. Lütkehaus, »Dieses wahre innere Afrika«. Texte zur Entdeckung des Unbewußten vor Freud (S. 7–45). Frankfurt a. M.: Fischer.
Marquard, O. (1987). Transzendentaler Idealismus, Romantische Naturphilosophie, Psychoanalyse. Köln: Dinter.
Mentzos, S. (1982). Neurotische Konfliktverarbeitung. Einführung in die psychoanalytische Neurosenlehre unter Berücksichtigung neuer Perspektiven. München: Kindler.
Mentzos, S. (1999). Operationalisierung versus »Psychodynamisierung« in der Psychodiagnostik. In G. Lempa, E. Troje (Hrsg.), Psychodiagnostik: Psychodynamisierung versus Operationalisierung (S. 21–49). Göttingen: Vandenhoeck & Ruprecht.
Mentzos, S. (2006). Das Unbewusste in der Psychose. In M. B. Buchholz, G. Gödde (Hrsg.), Das Unbewusste in der Praxis. Erfahrungen verschiedener Professionen. Das Unbewusste, Bd. III (S. 315–341). Gießen: Psychosozial-Verlag.
Mentzos, S. (2009). Lehrbuch der Psychodynamik. Die Funktion der Dysfunktionalität psychischer Störungen. Göttingen: Vandenhoeck & Ruprecht.
Merleau-Ponty, M. (1964/2004). Das Sichtbare und das Unsichtbare, gefolgt von Arbeitsnotizen. Hrsg. v. C. Lefort (3. Aufl.). München: Wilhelm Fink.
Mertens, W. (2009). Psychoanalytische Erkenntnishaltungen und Interventionen. Schlüsselbegriffe für Studium, Weiterbildung und Praxis. Stuttgart: Kohlhammer.
Mertens, W. (2013). Das Zwei-Personen-Unbewusste – unbewusste Wahrnehmungsprozesse in der analytischen Situation. Psyche – Zeitschrift für Psychoanalyse und ihre Anwendungen, 67 (9/10), 817–843.
Mertens, W. (2015). Psychoanalytische Behandlungstechnik. Konzepte und Themen psychoanalytisch begründeter Behandlungsverfahren. Stuttgart: Kohlhammer.
Mitchell, S. (1997, dt. 2005). Psychoanalyse als Dialog. Einfluss und Autonomie in der analytischen Beziehung. Gießen: Psychosozial-Verlag.
Nietzsche, F. (1886/1980). Jenseits von Gut und Böse. Kritische Studienausgabe in 15 Bänden, hrsg. v. G. Colli, M. Montinari. KSA 5 (S. 9–243). München: dtv.
Novalis (1799/1978). Werke, Bd. II. Hrsg. v. H.-J. Mähl. München: C. H. Beck.

Pohlmann, W. (2015). Rezension von M. Ermann: Der Andere in der Psychoanalyse. Die intersubjektive Wende. Psyche – Zeitschrift für Psychoanalyse und ihre Anwendungen, 69 (5), 473–478.

Pongratz, L. J. (1984). Bewußtsein und Unbewußtes. In L. J. Pongratz, Problemgeschichte der Psychologie (2. Aufl., S. 85–243). München: Franke.

Reik, T. (1948/1976). Hören mit dem dritten Ohr. Hamburg: Hoffmann & Campe.

Rosa, H. (2016). Resonanz. Eine Soziologie der Weltbeziehung. Frankfurt a. M.: Suhrkamp.

Rudolf, G. (2001). Tiefenpsychologie I. In M. Cierpka, P. Buchheim (Hrsg.), Psychodynamische Konzepte (S. 13–23). Berlin u. Heidelberg: Springer.

Sandler, A.-M., Sandler, J. (1985). Vergangenheits-Unbewußtes, Gegenwarts-Unbewußtes und die Deutung der Übertragung. Psyche – Zeitschrift für Psychoanalyse und ihre Anwendungen, 39, 800–829.

Schopenhauer, A. (1844/1977). Die Welt als Wille und Vorstellung. Zürcher Ausgabe. Werke in zehn Bänden. Bde. III–IV. Zürich: Diogenes.

Schöpf, A. (1982). Sigmund Freud. München: C. H. Beck.

Schulz, W. (1972/1993). Philosophie in der veränderten Welt (6. Aufl.). Stuttgart: Neske.

Stern, D. (2005). Der Gegenwartsmoment. Veränderungsprozesse in Psychoanalyse, Psychotherapie und Alltag. Frankfurt a. M.: Brandes & Apsel.

Stern, D. et al. (Boston Change Process Study Group) (2012). Veränderungsprozesse. Ein integratives Paradigma. Frankfurt a. M.: Brandes & Apsel.

Stern, D. B. (1997). Unformulated experience: From dissociation to imagination in psychoanalysis. Hillsdale NJ: Analytic Press.

Storck, T. (2016). Formen des Andersverstehens. Psychoanalytische Teamarbeit in der teilstationären Behandlung bei psychosomatisch Erkrankten. Gießen: Psychosozial-Verlag.

Storck, T. (2018). Szenisches Verstehen. In A. Gumz, S. Hörz-Sagstetter (Hrsg.), Psychodynamische Psychotherapie in der Praxis. Weinheim: Beltz.

Wegener, M. (2005). Unbewußt/das Unbewußte. In K. H. Barck, M. Fontius, D. Schlenstedt, B. Steinwachs, F. Wolfzettel (Hrsg.), Ästhetische Grundbegriffe. Historisches Wörterbuch in sieben Bänden, Bd. 6 (S. 202–240). Stuttgart u. Weimar: Metzler.

Will, H. (2010). Psychoanalytische Kompetenzen. Standards und Ziele für die psychotherapeutische Ausbildung und Praxis (2. Aufl.). Stuttgart: Kohlhammer.

Winnicott, D. W. (1971). Vom Spiel zur Kreativität. Stuttgart: Klett-Cotta.